股权激励

激发企业活力、打造高效团队的制胜法则

邱清荣◎著

中国友谊出版公司

图书在版编目（CIP）数据

股权激励 / 邱清荣著. — 北京 : 中国友谊出版公司，2019.1

ISBN 978-7-5057-4583-4

Ⅰ. ①股… Ⅱ. ①邱… Ⅲ. ①股权激励—研究 Ⅳ. ①F272.923

中国版本图书馆CIP数据核字（2018）第288562号

书名　股权激励
作者　邱清荣
出版　中国友谊出版公司
发行　中国友谊出版公司
经销　新华书店
印刷　三河市冀华印务有限公司
规格　787×1092毫米　16开
　　　17印张　180千字
版次　2019年3月第1版
印次　2019年3月第1次印刷
书号　ISBN 978-7-5057-4583-4
定价　45.00元
地址　北京市朝阳区西坝河南里17号楼
邮编　100028
电话　（010）64678009

如发现图书质量问题，可联系调换。质量投诉电话：010-82069336

目　录

第一章
为什么每一个企业都应该实施股权激励？

股权是企业的最高利益，对人才的吸引力也最大。人才得到了股权，会把企业当成自己的企业，会把老板当成自己的合伙人，就会放弃高工资、高奖金等短期利益要求，而为企业的长期前景努力。这样企业既得到了人才，还激发了他的积极性，人才的工作积极性是启动人才创造力的前提，只有对工作有积极性才可能有创造力！

企业制度创新能迅速提升公司竞争力

据工商部门数据显示，截至2018年3月16日，中国各类市场主体总量超1亿户，其中企业超过3100万户，其余为个体工商户、农业合作社。全部市场主体的99%是民营中小企业。中小企业对就业、税收等方面具有重大作用，它们为繁荣中国经济做出了突出的贡献。

但是在当前形势下，一些中小企业的日子并不好过。中国经济已进入新常态，从高速发展迈向高质量发展，对供给侧提出了更高的要求，传统的靠低成本推动发展的方式已经没有了出路。互联网与各领域深度结合，技术、产品、商业模式迭代更新更加快速，跟上时代前进的脚步愈加困难。美国推动贸易保护主义，使得拓展国际市场变得艰难。在市场需求总体低迷的情况下，我国中小企业面临着双重压力，一方面是越南、印度等新兴发展中国家的低成本竞争，另一方面是美、欧、日、韩等发达国家和地区的高端竞争！

为什么会这样？其根本原因是原有的要素低成本竞争优势已经逝去，十分缺乏新时代要求企业所必须具备的新优势——创新能力！可以说，在今天这个互联网及全球化时代，创新能力是企业最大的竞争力。缺乏创新能力的企业不能为市场提供具有特色的产品和服务，就会被市场所抛弃。现在，中国民营企业总体的创新能力是不足的。

创新发展需要人才驱动

告别低成本发展模式，需要依靠创新，重塑竞争优势，从而实现转型升级，走向高质量发展。转型升级、创新发展要靠人才驱动。一切成果都是由人创造的。

我们都知道，任何一家企业都是由人、财、物这三者构成的。人一般指的是投资人和员工，这两者有的重合，有的分离，对企业经营来说最重要的还是为其全职工作的员工；物指的是房屋、土地、设备等；财指的是货币、有价证券等。为什么说人是企业的关键要素呢？因为人是经营管理的主体，财、物是客体，客体的作用必须通过主体来发挥。客体作用的大小是由人的主观能动性决定的。在不突破极限的前提下，人越努力，物质要素的功效就越高，企业的整体功能也就越高；相反，人越消极，物质要素的功效就越低，企业的整体功能也就越低。因此，企业中人的主观能动性的高低与企业整体功能的高低成正比。我们现在所说的创新能力其实也是企业整体功能的一部分，同样受到企业员工主观能动性的制约。员工主观能动性高，创新能力就高；员工主观能动性低，创新能力就低。

高盛公司创建于1869年，是世界上最优秀的投资银行之一。其内部最高行为准则——《我们的业务原则》第8项规定："我们的员工对公司的奉献以及对工作付出的努力和热忱超越了大多数其他机构。我们认为这是我们成功的一个重要因素。"①

福布斯官方发布了2018年全球亿万富豪榜，比尔·盖茨今年排名第二。在过去24年中，比尔·盖茨曾18次问鼎，今年财富达900亿美元，去年为860亿美元，实现了增长。② 为什么比尔·盖茨能长期占据财富榜头名呢？因为他持有微软公司的大量股票，而微软股价长期的优异表现是靠员工拼命干出来的！

---

① [美]查尔斯·埃利斯著，卢青、张玲、束宇译，《高盛帝国》（上），第189页，中信出版社，2010年1月。

② 《福布斯全球亿万富豪榜：比尔·盖茨今年排名第二（附榜单）》，2018年3月7日，21世纪经济报道，东方财富网，http://finance.eastmoney.com/news/1351,20180307840614262.html。

案例 微软员工工作状况描述

A：戴夫穆尔描述了微软典型的一天，他说："在微软的情形是这样的——早上醒来，去上班，干活，觉得饿了，下去吃点早餐，接着干，干到觉得饿了，吃点午餐，一直工作，直到累得不行了，然后开车回家睡觉。"①

B：正如Office的程序经理吉姆·康纳尔所说的："这是我最钦佩微软的地方之一。他们在雇用工作狂方面无与伦比……他们真是非常善于激励人。在这里，他们给你许多机会和考验。他们非常高兴让你满负荷地工作。人们也接受这种挑战……人们准时地到达他们的办公室。当我还是测试经理时我常遇到此类问题，我不得不命令大家回家休息，因为他们已筋疲力尽了。他们可以接连几天一直工作……并且我认为这正是微软的成功之处。"②

谷歌现在是全世界第二大互联网公司及第二大市值公司。创始人拉里·佩奇和谢尔盖·布林提出了互联网时代新人才理念：他们把公司的核心员工叫作创意精英（Smart Creative），这些人是一个公

① [美]迈克尔·科索马罗、理查德·塞尔比著，程化等译，《微软的秘密》，北京大学出版社，西蒙与舒斯特国际出版公司，1997年，第94页。

② 同上。

司在互联网时代取胜的关键。那么什么样的人才是创意精英呢？所谓的创意精英，不仅要拥有过硬的专业知识，懂得如何使用专业工具，还需具备充足的实践经验。创意精英具有分析头脑、商业头脑、用户头脑，创意精英是新颖原创构想的源泉，创意精英充满好奇心、喜爱冒险、自动自发、心态开放、一丝不苟、善于沟通。拉里·佩奇说：“决定当今企业成败的因素，就是要看企业能否持续推出高质量的产品。要想实现这个目标，企业就必须吸引创意精英的加盟，并创造出让他们自由发挥的整体环境。”①

中国的华为、阿里巴巴、腾讯、小米等一大批优秀企业，无一不是靠员工用辛勤汗水拼出来的。

驱动人才要靠制度创新

企业创新靠人才驱动，那么，人才又是靠什么驱动的？答案是，靠先进制度驱动！人才的工作积极性、创造性被调动起来，要有制度支撑。

现在举国上下都在大力推进创新发展，然而对于创新，大多数

① [美]埃里克·施密特、乔纳森·罗森伯格、艾伦·伊格尔著，靳婷婷译，《重新定义公司：谷歌是如何运营的》，第35~38页，中信出版社，2015年9月第1版。

人的理解只是技术创新、商业模式创新。实际上，创新还包括制度创新。具体到中国民营企业而言，制度创新就是指企业的管理制度创新。对于身处人均资源相对贫乏、自身力量相对薄弱境况的中国民营企业而言，制度创新显得尤为重要。

企业制度创新是指对现有的制度内容进行变革更新，以改善企业组织内部成员的相互关系，促进组织效能提升，推动企业获得更高的竞争力。

回顾人类社会的企业史，个人业主制和合伙企业自古有之，可以称其为古典企业。古典企业主要依靠手工工具从事手工劳动，企业规模狭小。在规模较大的业主制企业内部存在着业主和雇工间的雇佣关系。在规模较大的合伙企业内部存在着合伙人之间的合伙关系，以及合伙人与雇工之间的雇佣关系。古典企业的雇佣关系不同于近现代的市场经济条件下的雇佣关系，雇工对业主形成人身依附关系，企业实行家长制管理制度；合伙人之间并不是完全平等的，大合伙人把控着企业，其他合伙人处于附庸地位。

真正意义上的企业蓬勃繁荣发端于近现代社会，尤其以美国优秀企业为代表。在这几百年的时间里，由企业推动了三次技术革命，同时企业制度也有多次大的创新。

19世纪中叶，美国铁路公司成为世界上最早的多层级、多单位现代商业企业，并且诞生了职业经理人制，实现了企业所有权与控制权分离。美国铁路公司突破了业主制企业所有权与控制权集于业主一身的旧制度，这种架构适合大规模生产经营与专业化管理，从而极大地促进了生产率提高和企业规模的扩大。

1913年，亨利·福特践行泰勒科学管理理论，在自己的福特汽车公司创建了世界上第一条流水生产线，实现了低成本、高效率的机械化大批量生产。福特公司率先实施8小时工作制及最低工资保障制度，缓解劳资冲突，实现劳资共赢。

20世纪20年代，艾尔弗雷德·普雷查德·斯隆（Alfred Pritchard Sloan Jr.，1875—1966）在通用汽车创立以分权为基础的事业部制，为大型企业集团和跨国公司的内部组织架构和运作流程提供了样板。此外，通用汽车从1918年就实施员工利润分享计划，是最早实施股权激励制度的现代企业之一。

创立于1918年的松下公司提出了终身雇佣制，其创业者、被尊为经营之神的松下幸之助提出：“松下员工在达到预定的退休年龄之前，不用担心失业。企业也绝对不会解雇任何一个‘松下人’。”这样一来，企业可以确保优秀的员工就业，员工也可以得到固定的保障。松下开创的经营模式被无数企业效仿，这一终身雇佣制度也为第二次世界大战以后的日本经济腾飞做出了巨大的贡献。

德国企业采取职工参与制。在德国，企业全体职工选举产生的职工代表参加企业职工委员会，参与公司治理与企业管理，与雇主分享经济权利。职工与雇主在许多方面实行“共同治理”，为社会安定和经济发展共同承担责任。这一企业制度在第二次世界大战后使德国在废墟上迅速崛起为世界强国。需要说明的是，员工参与制在德国已成为国法，但执行和落实需要每个企业身体力行，把国法转化为“家法”，在这方面很多德国公司都做得很好。

职工参加公司董事会或监事会，直接以董事或监事的身份行使决策权、监督权，使职工的意志、利益能直接反映在公司的经营管理过程中，是职工民主管理企业的最高形式。从实施效果来看，世界上大部分职工参与制度在实践中往往走向空洞化和表面化。其中运行良好且实施最为彻底的当数德国职工共同决策制度，它的特点包括：其一，覆盖面广。德国大部分企业必须实施职工共同决策制度，根据统计，目前，德国有职工2200多万人，实行职工参与制的单位共有职工1860万人，占职工总数的85%。其二，参与决策程度深。德国监事会权力非常大，董事会只是监事会下属机构，而职工代表要占据监事会三分之一或一半的席位。其三，法律强制实施，职工共同决策制度在德国是强制性法规而非授权性法规。

中国《公司法》规定公司监事会要有职工代表，但极少听到职工监事能发挥作用的案例。

罗伯特·诺伊斯、戈登·摩尔和安迪·格鲁夫于1968年在美国硅谷创建英特尔公司。诺伊斯和摩尔首先提出要以公司股权来吸引专才，当时公司里大约有三分之一的普通员工都能得到股权。英特尔成长为世界上最大的计算机CPU制造商。在英特尔的带领下，其他的软、硬件公司纷纷效仿，渐渐地，向员工发放股份成为硅谷高科技公司普遍的做法。股权激励制度早已有之，但是真正形成一种文化和制度并大规模推广始自英特尔公司，它提倡雇员公司所有制的新理念，超越传统的雇佣关系，开创了新的工作哲学。诺伊斯建立的股权激励打破了过往阶级森严的公司制度，同时开创了没有墙壁的隔间办公室新格局，取消了管理上的等级观念，塑造了员工平等的企业制度。可以说没有股权激励制度就没有硅谷，也就没有美国在全球高新技术领域的霸主地位。

21世纪，人类社会已进入互联网时代，创新和速度是企业取胜的关键，知识和人才成为企业的核心竞争力。企业制度创新继续推进，企业以员工为本、充分扩大其自主权，组织架构扁平化、透明化、去中心化。互联网巨头谷歌认为最重要的工作是招聘创意精英，为这些员工创造平等、开放、透明、自由的环境就是企业管理的任务。谷歌在保持股权激励制度的基础上，还实行了20%时间制度，允许工程师拿出20%的工作时间来研究自己喜欢的项目。

中国自改革开放以后，确立了社会主义市场经济制度，中国民营企业获得了蓬勃发展，企业制度创新随之兴起。比较有代表意义的是华为的员工持股制度，阿里巴巴、小米的合伙人制度。我个人认为阿里巴巴的合伙人制已具有世界级企业制度创新的高度，确立了由企业的员工而不是投资人来决定企业控制权归属和传承的制度，真正能实施合伙人地位平等基础上的民主决策制度。这种制度是对传统资本制度和公司治理的颠覆。中国企业不仅可以获得经济上的成功，而且也可以做出举世瞩目的制度创新！这是阿里巴巴的荣耀，也是中国企业的荣耀！

展望未来，在互联网、人工智能、大数据等科技创新的推动下，企业间的竞争完全是人才间智慧的比拼！企业制度创新所起的作用更大，步伐也会更大。其基本的方向是更加重视员工，员工的地位更高、权力更大、利益更多。企业制度保障员工获得生存、金钱、权势，更为员工创造实现梦想、追求成功、体验快乐的环境！员工、投资人实现共有、共创、共治、共担、共享。

先进企业制度比人才更重要

在知识经济时代，员工是技术创新的主体，因此人才被认为是企业的第一资源，这无疑是正确的。但是企业有了人才却不意味着胜券在握，不一定能有技术创新成果产生。作为知识载体的劳动者，使其知识发挥作用，极大地受自身主观心态的影响，这种主观心态很难由管理体力劳动者的传统体制所支配。在管理学家泰勒的《科学管理原理》一书中列举了搬运生铁的实例：“生铁搬运工弯下腰，搬起大约92磅重的生铁，移动数英尺或数码远，然后把生铁撂到地上或堆起来。这项工作是如此原始，如此初级，以至于我深信完全可能把一只聪明的猩猩培养成生铁搬运能手，它有可能比人还要能干。”[①]这种完全依赖体力的搬运工作只要找很低智力的人就可以了，甚至大猩猩比人干得都好。对这种搬运工用泰勒标准化的科学管理制度就可以很好地加以管理了。但是在互联网时代的今天，全世界所有大猩猩加起来也不会做一个最蹩脚的软件工程师的工作，用标准化流程很难使知识员工产生精品创意。现实也证实传统的管理制度不能管理知识精英。

英特尔创始人诺伊斯和摩尔及其他6名优秀的电子科学家最早在诺贝尔奖获得者“晶体管之父”肖克利博士的公司肖克利半导体实验室工作，他们的年龄都在30岁以下，风华正茂，学有所成，正处在创造能力的巅峰。他们之中，有获得双博士学位者，有来自大公司的工程师，有著名大学的研究员和教授，这也是当年美国西部从来没有过的英才大集合。可惜，肖克利是天才的科学家，却缺乏经营能力。

---

① [美]弗雷德里克·泰勒著，马风才译，《科学管理原理》，机械工业出版社，2015年5月，第31页。

他雄心勃勃，但对管理一窍不通。肖克利不仅认识不到自己的缺点，还非常专横，自以为是，常常以一种居高临下的傲慢态度跟人说话。“八叛逆”之一摩尔后来曾说：“当实验室里出现一件小事故时，肖克利会要求我们用测谎仪来测试谁说了谎，谁又是无辜的。”由于加入肖克利实验室一年之久都没有做出什么产品，8位一身抱负的科学家感到异常挫败，决心出走。因此，被背叛的肖克利骂他们是“八叛逆”。“八叛逆”创办了具有传奇色彩的仙童半导体公司，发明了硅晶体管、集成电路，改变了整个世界。而肖克利实验室却每况愈下，两次被转卖后于1968年永久关闭。①

同样一批才华横溢的人，在肖克利实验室无所作为愤然出走，在仙童公司却研发生产出世界第一批硅晶体管、第一批集成电路，开创了人类历史的新时代。肖克利实验室高调开张，低调收场。这充分说明企业制度比人才还重要，它决定了人才能否发挥创造性以及发挥的程度如何。先进的企业制度激励人，落后的制度压抑人。先进企业制度的终极目的是最大限度地调动员工的劳动积极性，员工工作积极性被调动起来之后，企业效益才会最大化！

员工工作积极性决定着企业资源利用率，企业资源包括资金、设备、房屋、人力资源、知识、技能等方面，在每一时点具体数量是一定的，这些资源不能自己发挥作用，必须通过员工的使用来发

① [美]弗雷德里克·泰勒著，马凤才译，《科学管理原理》，机械工业出版社，2015年5月，第31页。

挥作用。如果员工工作积极性高，企业资源利用率就高，企业效益也就好；如果员工工作积极性低，则企业资源利用率就低，企业效益也就差。

毛泽东在《中国革命战争的战略问题（1936年）》中指出："战争的胜负，主要决定于作战双方的军事、政治、经济、自然诸条件，这是没有问题的。然而不仅仅如此，还决定于作战双方主观指导的能力。军事家不能超过物质条件许可的范围外企图战争的胜利，然而军事家可以而且必须在物质条件许可的范围内争取战争的胜利。"[①]这句话的意思是，军事家不能突破既有的客观条件，但是可以充分发挥主观能动性，最大限度地利用现有的客观条件，也就是在有限中追求无限。军事家的主观能动性就是工作积极性，其实企业的员工在具体的物质条件下也可以像军事家那样充分发挥自己的主观能动性，从而使企业效益最大化。如果没有好的企业制度，即使是先进人才也会英雄无用武之地；如果企业制度先进，即使没有优秀的人才，经全体员工共同努力，也会创造令人咋舌的业绩！例如，阿里巴巴18个创始人，当时很少有能称得上世界顶级人才的，但公司却成长为世界最优秀的互联网公司之一。正像马云说的："一群平凡的人做出了不平凡的事儿。"因此，我们可以得出结论：先进企业制度比人才更重要！

其实我们常常说的重视人才，并不是单纯指重视某个人，更重要

① 毛泽东，《毛泽东选集》第一卷，第182页，人民出版社，1991年6月第2版。

的是指重视所有人才的制度。能调动员工积极性的企业制度能够对企业外部人才产生强大引力，源源不断地吸引人才加入企业，有了梧桐树就能引来金凤凰。谷歌一年只能招聘几千名新员工，却能收到来自全球的200万份求职简历。同样，先进的企业制度也能让在职的员工不愿离开企业并且满怀激情地工作。所以，先进的企业制度能够不断地吸引人、留住人、激励人。

先进的企业制度还能教育人、培养人。技术与产品持续创新是企业基业长青的根基，持续的人才培养和更新机制是前者的保障。对这个重要规律，《重新定义公司：谷歌是如何运营的》一书予以了明确的阐释："决定当今企业成败的因素，就是要看企业能否持续推出高质量的产品。要想实现这个目标，企业就必须吸引创意精英的加盟，并创造出让他们自由发挥的整体环境。"[①]而人才机制中最重要的就是持续培育与选拔出具有创新能力的运营团队，尤其是带头人。

杰克·韦尔奇（Jack Welch）是美国通用电气公司（GE）第八任CEO。1981年4月，年仅45岁的杰克·韦尔奇成为通用电气历史上最年轻的董事长和CEO。从主持通用电气起，20年间，在他的领导下，通用电气的市值由他上任时的130亿美元上升到了4800亿美元，其盈

① [美]埃里克·施密特、乔纳森·罗森伯格、艾伦·伊格尔著，靳婷婷译，《重新定义公司：谷歌是如何运营的》，第XXXVI页，中信出版社，2015年9月第1版。

利能力也从全美上市公司第十跃居全球第一。他被誉为“最受尊敬的CEO”“全球第一CEO”“美国当代最成功、最伟大的企业家”。

韦尔奇是一位杰出的CEO不假，但通用电气在他之前近百年间培养的7位CEO也都很优秀，见表1-1。

表1-1 通用电气公司CEO在任期间的业绩排名[①]

排名	通用电气CEO在任时期	年均税前权益回报率
1	威尔逊，1940—1949年	46.72%
2	科迪纳，1950—1963年	40.49%
3	琼斯，1973—1980年	29.70%
4	博尔奇，1964—1972年	27.52%
5	韦尔奇，1981—1990年	26.29%
6	科芬，1915—1921年	14.52%
7	斯沃普/杨格，1922—1939年	12.63%

通用电气的CEO都来自自家培养的员工，没有一个“空降兵”。韦尔奇的前任雷吉·琼斯用了7年在96个候选人中挑选了韦尔奇，而韦尔奇用了6年在24个候选人中挑选了现任CEO伊梅尔特。在通用电气，新CEO上任就着手准备寻找和培养自己的接班人，而且这项工作要占CEO很大一部分时间。选择和培养接班人已成为公司的一项制

① [美]吉姆·柯林斯、杰里·波勒斯著，真如译，《基业长青》，中信出版社，2009年10月，第325页。

度。通用电气的成功不是建立在一两个韦尔奇这样的企业领袖身上的，而是建立在一套选人、育人、用人的制度之上的。任何伟大领袖都有下岗的时候，多么伟大的领袖也不能为企业的未来行动提前做出具体的方案。而伟大的企业制度却可以早早培养好接班人，使企业顺利完成新旧交替，由合格的新人处理新的问题，企业继续前行。因此，先进的企业制度要比企业拥有一两个顶尖人才重要得多！

先进企业制度是重要的企业竞争要素

我们都知道市场经济是竞争经济，企业是竞争主体，竞争是残酷的比拼，最终只能是优者获胜、劣者退市。所谓优者就是竞争力强者，劣者就是竞争力弱者。

中国智能手机行业竞争激烈

据了解，自智能手机崛起以来，无论是传统手机厂商还是互联网公司，都开始疯狂投入资源，制造智能手机，使得中国智能手机品牌如雨后春笋般涌现。据数据显示，2011年，中国的功能机和智能手机上市新机型竟达到4744款。

尽管中国市场足够大，但也难以养活如此众多的品牌，在市场化机制下，一些企业和产品最后因为适应不了市场环境，而遭到用户的抛弃。如，2014年中国手机厂商有445家，2015年只剩下309家，一年就减少了136家。

毫无疑问，市场竞争激烈程度升温是加剧智能手机行业洗牌的主要因素。有业内人士甚至评价道，智能手机之战年复一年，没有片刻休息，也没有任何一个品牌敢休息，因为在这个市场上，停下等于失败。360创始人周鸿祎更是评价，“智能手机行业已经不是红海，而是血海”。[①]

中国手机市场是典型的残酷竞争市场，各家手机厂商使出了浑身解数想争得头筹或者只是想生存下去，但无情的厮杀还是让很多企业掉队了。留下的就是竞争力强的，掉队的就是竞争力弱的，因此，可以说竞争力决定企业生死，就是企业的根基！那么何为企业竞争力？企业与同行业其他企业相比在某一方面或某几方面所表现出来的优势就是竞争力。竞争力一般以强弱来衡量，优势程度大就是竞争力强，反之则是竞争力弱。那么竞争力是由什么决定的呢？是由竞争要素决定的！竞争要素是指企业竞争力产生的来源。竞争要素包括了客观要素和主观要素。所谓客观要素是指在某一具体时点不以人的意志为转移而客观存在的竞争要素，包括人力资源、资金、

① 陈维，《国产手机一年内超三成厂商阵亡 夏新等缺席MWCS》，《北京商报》2016年7月1日，http://www.investide.cn/news/283512。

设备、技术、不动产、品牌、政府资源、社会关系等方面；所谓主观要素是指根据人的意志可以进行大幅度调控的竞争要素，包括企业的文化、理念、企业制度、员工精神状态等方面。我们平时很容易看到企业的客观要素，尤其是资金、设备、厂房、土地这些有形要素，而主观要素深藏于企业内部，无法感觉，只能领悟。例如，员工士气，只有深入、全面接触企业员工之后，才能感知到员工的精神状态是积极还是萎靡。相信去过海底捞用餐的人对于海底捞服务员的服务热情有深刻体会，而其他餐馆的服务员就是没有他们的服务热情高。客观要素和主观要素协同发挥作用，共同决定企业的竞争力。客观要素制约着主观要素，主观要素不能突破现实的客观要素限度，但主观要素会反作用于客观要素，可以决定客观要素的发挥限度。

自由市场中的各企业之间在各竞争要素上存在数量和质量上的差距，这个差距就是竞争力的差距。企业各要素的综合结果产生总竞争力或综合竞争力，企业间的竞争就是总竞争力之间的比拼。在某一具体时刻，某一企业的客观要素往往是具体确定的，很难改变。这样一来，对于客观要素不占优势的企业而言，竞争力就会低于客观要素占优势的企业。但由于企业的总竞争力不仅来自客观要素，而且也来自主观要素，主观要素相对客观要素而言可以进行较大的调控。因此，某些客观要素弱的企业，通过充分调动主观要素，反而在总竞争力上要超过某些客观要素强但主观要素差的企业。

任正非说："华为公司有什么呢？连有限的资源都没有，但是我们的员工都很努力，拼命地创造资源。正如《国际歌》所唱的，'不要说我们一无所有，我们要做天下的主人。从来就没有什么救世主，也不靠神仙皇帝……全靠我们自己'。8年来的含辛茹苦，只有我们自己与亲人才真正知道。一声辛苦了，会使人泪如雨下，只有华为人才真正理解它的内涵。活下来是多么不容易，我们对著名跨国公司的能量与水平还没有真正的认识。现在国家还有海关保护，一旦实现贸易自由化、投资自由化，中国还会剩下几个产业？为了能生存下来，我们的研究与试验人员没日没夜地拼命干，拼命地追赶世界潮流，我们有名的垫子文化，将万古流芳。我们的生产队伍，努力进行国际接轨，不惜调换一些功臣，也决不迟疑地坚持进步；机关服务队伍，一听枪声，一见火光，就全力以赴支援前方，并不需要长官指令。为了点滴的进步，大家熬干了心血，为了积累一点生产的流动资金，到1998年，98.5%的员工还住在农民房里，我们许多博士、硕士，甚至公司的高层领导还居无定所。一切是为了活下去，一切是为了国家与民族的振兴。世界留给我们的财富就是努力，不努力将一无所有。"[①]

---

① http://wiki.mbalib.com/wiki/%E5%8D%8E%E4%B8%BA%E4%BC%81%E4%B8%9A%E6%96%87%E5%8C%96.

任正非创立华为公司时可以说在客观要素上一无所有，然而通过充分发挥企业文化、企业制度这些主观要素，创造了人间奇迹！把思科、爱立信等武装到牙齿的跨国公司甩到了身后，如果不是主观要素起到了决定性作用，难道要归功于客观要素吗？在主观要素中，企业制度是最重要的一项，因为其他的主观要素都要通过企业制度固定和表达出来。华为倡导合作共享的狼群文化，但最终要靠员工持股等利益共享制度体现出来，很多企业主口号喊得比任正非响多了，就是落实不到制度上，最终光打雷不下雨。所以，企业制度对企业的总竞争力具有重要影响：先进的企业制度会提高企业的总竞争力，而落后的企业制度则会削弱企业的总竞争力。这个规律告诉企业家，在企业竞争的时候，不仅要通过客观要素来提高竞争力，也要通过主观要素尤其是企业制度创新来提高竞争力，不能把提高竞争力的途径死死限制在改变客观要素这一条路上。对于客观要素一时难以改变的企业而言，通过企业制度创新来提高竞争力尤为重要！

对中国民营企业制度创新的总体设想
——构建开放性人才激励系统

中国民营企业进行企业制度创新要结合世情、国情、企情，把企业制度创新的普遍规则与自身特殊实际相结合，构建具有自身特色的制度模式，没有千篇一律的固定模式，也不可以照搬他人成功模式。照搬他人具体模式不仅不会取得成功，反而会使自己付出沉重的代价。中国民营企业制度创新应当创造中国模式！中国模式也会是多种多样的。对于具体的中国模式本书不做探讨，在此仅对贯穿于各种具体企业制度模式中的基本规则提出一些原则性的想法和大家做交流。

古今中外先进企业制度共同追求的目标**是充分激发员工工作积极性**！这是真正贯彻以人为本的发展理念，这是创造卓越业绩的根本源泉，这是企业管理所追求的最高境界。因此，**中国民营企业制度创新的总目标也应当是最大限度地激发员工的工作积极性、创造性！**企业制度创新朝着每一名员工的才智都可以最大化发挥，任何远大的理想都可以去实现的目标设计。衡量一切企业制度优劣的标准就是能否最大限度地调动员工的工作积极性，企业制度创新成败也要以此为准绳。

针对互联网时代市场竞争更为激烈，知识员工日益重要，而中国民营企业普遍对人才重视不足、控制权世袭的封闭保守现状，我们认为实现中国民营企业制度创新总目标的**总方案是：构建开放性人才激励系统！**任何认同企业价值观并才华横溢的员工在中国的民营企业中都有无限的发展空间，绝不会有上升的棚顶：在最高利益享有与最高权力获取面前绝不会有任何不可逾越的障碍；为员工的成长和发展提供最佳的制度环境，一切收获取决于员工自己的表现！最高利益指的不仅是最高的工资、奖金等货币收入，而且可以持有企业最多的股权，甚至是控股股东；最高权力指的是企业最高控制权，一般由首席执行官行使。

中国民营企业制度创新的总原则是共有、共创、共治、共担、共享。

共有。承认和重视知识员工具有人力资本，人力资本所有者有权获得剩余财产分配权！在此基础上，对知识员工实施股权激励制度，使其拥有企业股权，与物质资本投资人共同拥有企业的产权，实现员工与企业在根本利益上的深度绑定。实施股权激励制度，形成企业产权共有制，使员工与物质资本投资人的生产关系由雇佣关系转化为合伙关系，缩小直至消灭雇佣制。在开放性人才激励系统中，人力资本所有者可以占企业的大股。对企业贡献最大的人，可以成为企业的最大股东，可以获取本企业最高的利益回报。不怕你挣得多，就怕你没本事去挣！共有原则是一切企业制度创新的根本和源泉，是一切企业制度创新之母！没有它就不可能真正进行其他制度创新。

共创。一切创新靠人，一切劳动成果靠人来创造！发展企业要靠老板的努力，更要靠全体员工的拼搏。通过股权激励，实现核心员工与企业利益深度捆绑，就可以形成合伙人团队，合伙人是企业的主人，以企业为家，怀有最高的工作积极性。在开放性人才激励系统中，任何认同企业价值观，勤奋付出的员工都可以成长为合伙人，这不仅是对一小部分人的激励，也是对全体员工的激励。上升通道对任何人都是敞开的，使每一名员工都相信只要努力就会有美好的未来。这种机制会激发出每一位员工的工作积极性，使其奋力为企业创造价值，这就改变了只有老板一个人为企业操心费力的局面，形成全体员工为企业而共同奋斗的格局。在坚强有力的合伙人团队的带动、激励下，企业的全体员工朝着伟大目标而奋斗拼搏。整个企业员工团队就会成为一支无坚不摧、战无不胜的魔力团队！全体员工同心协力，共同创造卓越业绩！

共治。在开放性人才激励系统下，全体员工共同治理企业。企业控制权传递也必然是开放性的，即打破血缘、亲缘、友缘、学缘等种种世袭制限制，面向全体员工开放，在良性竞争中，选择价值观认同、人力资本强大、贡献突出的员工来掌握企业的控制权。简而言之，就是把控制权交给对企业最有价值的员工，谁最符合条件谁上！正如同马云说的：“我们不一定会关心谁去控制这家公司，但我们关心控制这家公司的人必须是坚守和传承阿里巴巴使命文化的合伙人。”这种开放性的控制权交接制，使企业可以在最大范围的人员之中选择带头人，实现人力资源最大化开发，打破了传统家族企业仅能在家族成员这一狭小范围内选择接班人的困境。开放性的控制权传递制体现着公平、透明、开放、平等的价值观，每一名员工都有资格去争取企业控制权，从而能够极大地调动全体员工的工作积极性。

共治还表现在民主决策机制上。在开放性人才激励系统中，必须集思广益、群策群力。对涉及企业战略方向确定、关键职务任命、重大资产处置等经营管理的重大问题必须采取民主决策方式，避免独裁专断。必须把股权比例和投票权比例区分开来，组建重大决策委员会，由最优秀的员工参与其中，决策中采取一人一票制，少数服从多数表决规则。民主决策，可以集中众人的智慧更好地应对互联网时代日益复杂的竞争局面。

共治的结果体现在企业建立扁平化组织结构，实行分工分权的专业化高效执行体制，大幅度增加员工个人的权责。既然员工已是企业的主人，企业的事情也就是自己的事情，对自己的事情谁能不用心呢？这就可以大幅度降低监督成本，可以使老板解除顾虑对其充分授权。只要给每个员工多一些权力，给每个部门多一些权力，整个组织就会“瘦”下来——组织结构扁平化，整个组织的效率就会大幅提升。

共担。企业全体员工与物质资本投资人共同承担企业经营风险。因为共有，员工已成为企业的合伙人，并且共同创造财富、共同管理企业，共同分享劳动成果，当然要与企业共担经营风险。员工能够自愿与企业共担经营风险是一种最为难能可贵的精神，是传统雇佣制最难以具备的特质。在传统雇佣制下，企业效益好时就扩招员工，员工享受高工资、高福利也愿意留在企业；企业效益不好时就像甩包袱一样裁减员工，未受裁减的员工也不能忍受削减工资福利而投奔他方。员工认为企业是老板的，自己与老板的利益是对立的，自己没有必要为老板的企业承担风险。因此，员工与企业只能同甘不能共苦。在互联网时代，任何企业都面临着严峻的挑战，任何时候都可能遇到致命危机，这时候，企业必须依靠能牺牲暂时利益与其共担风险的员工才能冲出低谷。共担是衡量企业制度创新是否成功的根本标志！共担指的是在危急时刻，企业与员工共同承担风险，企业不能抛弃员工，员工也不能抛弃企业。企业在危难时不抛弃员工是真正以人为本；员工能够在企业危难时牺牲自己的暂时利益和企业共担风险，这样的员工早已不是企业的雇员而是企业的主人。能够使企业和员工风雨同舟的企业制度当然是成功的制度。

共享。企业制度创新要形成企业员工与物质资本投资人共同分享创造成果的分配机制。员工不仅可以从企业获得工资、福利收益，而且可以依其人力资本获得利润分红及股份转让溢价收入。这种分配制度改变了传统的只有物质资本出资人才能享有企业利润和企业股价增值所带来的收益的局面。在开放性人才激励系统下，人力资本所有者不仅可以参与企业剩余财产分配，而且可以在分配比例和数量上超过物质资本所有者甚至企业创始人。这种制度真正体现了收入与贡献相对应的原则。这种分配制度是对人力资本所有者个人价值的最高认可，是一种最彻底的激励机制，必将激发出员工巨大的工作积极性和创造力。

在遵循贡献与收益相对应原则的基础之上，笔者建议分配制度要以“按贡献分配为主，共享分配为辅”。企业在坚持按照物质资本投资人和人力资本投资人每一方每一人的具体贡献来分配劳动成果这一基本原则的前提下，同时兼顾收益共享原则。具体做法是将每人贡献所对应的收益的大部分留给自己，还要把一小部分收益留给企业，再把另一小部分收益分给同事。例如，员工张强挣了100元，自己得85元，要交给企业10元，还要分给其他员工5元。这种制度强调了劳动成果的集体创造性，即使某一主体对某一贡献占主导地位，但没有集体和其他成员的支持也是无法取得的。这种制度不是大锅饭，因为它以按贡献分配为基础，个人收益占大头，彼此差距很大，绝不是人人均等，贡献大小一个样。同时又使大家发生利益关联、利益分享，避免了利不关己、绝不管你，各自为战、相互无支撑的极端个人主义干扰。利益分享制，既保护了个人利益，又维护了整体利益，使个人利益与整体利益有机统一。

贯彻共有、共创、共治、共担、共享五项原则的结果是共赢。在开放性人才激励系统下，企业的受益者不仅是物质资本出资人，作为人力资本出资者的员工同样要受益，这就实现了股东和员工的共赢。两者的共赢就能构建和谐的企业生产关系，具有和谐的内部关系的企业将是一家全员奋进、活力迸发、创新不止、持续发展的优秀企业。这样的企业竞争力超强，创新成果不断涌现，从而实现高质量的发展。企业内部的和谐又会使企业与顾客共赢，最终企业与社会、国家各方共赢。共有、共创、共治、共担、共享的企业制度真的能为构建和谐社会做出重大贡献！

股权激励是企业转型升级、发展壮大的重器

某作者在网上发表的一篇文章热传一时。该文章披露了一些制造业的状况。这篇文章写道：由于市场需求不足，人工成本、厂房租金、物流成本上涨，一些订单流向东南亚等人工成本低廉的国家；电子行业、空调行业、快消品行业、汽车配件行业出现了需求下降及营收随之下降的情况；建陶卫浴产能过剩；一些实体企业开始裁员，以压缩企业运营成本。①

究竟是什么原因导致中国制造业面临以上状况？我们可以从外因和内因两方面进行分析。从外部原因看，我国多数制造企业属于外贸

① 《中国制造业警报拉响！史上最惨烈的裁员潮即将来临！》，中国机械社区网，2015年9月8日，http://www.cmiw.cn/forum.php?mod=viewthre。

代工企业，随着国际市场需求萎缩而减少订单，同时我国国内市场需求增长下降，2015年第三季度国内生产总值同比增长6.9%，这是2009年以来GDP增速首次跌破7%。2015年8月财新制造业PMI初值47.1，创2009年3月以来最低，连续第六个月低于50的荣枯临界值，显示中国制造业运行进一步放缓。PPI继续大幅度下滑，工业企业的利润被进一步压榨。另外，我国制造业企业多年来所依靠的劳动力、土地等要素成本低廉优势已逐步消退，越南、印度等发展中国家更有优势。据统计，2015年，深圳市制造业平均工资指导价为3900元，在越南海防，工人的人均工资每月150至200美元（约合931元至1241元人民币），仅为深圳的三分之一。从内在原因看，中国制造业相较于欧美国家创新能力相对不强。没有创新能力就等于没有竞争力！过去市场需求旺盛，竞争不激烈，中国制造业凭借低成本竞争优势，风光无限，但是，当周边发展中国家的更低成本的制造业也成长起来之后，中国制造业的低成本优势不再明显，而创新能力优势又没有培养起来，再赶上市场需求不旺，企业经营和利润必然会受到影响。

内、外因相比，当然是内因起决定性作用。市场需求不旺对世界上所有的企业都是一样的，它不是决定企业生存发展的根本原因，自身竞争力才是决定企业发展的根本原因。**现代企业竞争力更多地表现为企业的创新能力**，这方面的佼佼者就是美国苹果公司，它在个人电脑、手机等领域不断进行颠覆性创新，其他对手望尘莫及，尽管世界经济这么不好，可它每天都在大把大把捞钱，过得很好。**企业的创新力来自企业员工的创造力，优秀的员工才有优秀的创造力！**假如苹果公司为了降低成本而聘用大量的没有专业技术能力的普通员工，苹果公司一分钟也活不下去。

当然会有企业主提出，聘请人才需要大价钱，大多数制造业企业没有钱，怎么请得来？**答案就是用股权激励！凡是希望继续生存发展的制造业企业主**必须进行观念革新，绝不能再走低成本发展的老路，必须依靠创新、依靠人才，不能再把人才当作打工仔、打工妹对待，**而是要当成企业的第一财富、首要资产，要把人才当成自己的合伙人！企业主有了这个认识，并且把它作为终生不变的信仰**，自然就会把自己的一部分股权拿出来分给人才。

股权是企业的最高利益，对人才的吸引力也最大。人才得到了股权，会把企业当成自己的企业，会把老板当成自己的合伙人，就会放弃高工资、高奖金等短期利益要求，而为企业的长期前景努力。这样，企业既得到了人才，还激发了他的积极性。**人才的工作积极性是启动人才创造力的前提**，只有对工作有积极性才有可能有创造力。

股权激励使得企业在获得人才工作积极性的同时又减轻了短期现金开支的压力，真是一举两得，劳资共赢。华为从设立伊始就实行股权激励制度，现在一半以上的员工已拥有公司的股份，任正非自己持

励对象与企业利益深度绑
包括企业的员工也包括企
但主要是指员工。

在当今知识经济时代
资本，根据百度百科的解
对生产者进行教育、职业
的总和，表现为蕴含于人
健康素质的存量总和。人
性、增值性等特征。在今
对技术、管理等产生重大
创造能力，殊不知，乔布
iPod、MacBook Air等一
信用户量达到了8.6亿人
明人就叫张小龙。乔纳森
精英，这些人都是典型的
物质资本还重要的经营要
传统企业拥有土地、房屋
况每况愈下？就因为缺少
电脑”，拥有很少的物质
人力资本，富于人力资本

有的股份很少，可以说，没有股权激励就没有华为！

综上可以得出结论——股权激励是中国制造业的灵丹妙药！也是任何一个企业转型升级、壮大发展的重器，任何想继续生存和发展的企业主都必须敞开胸怀，热情拥抱股权激励这一先进制度！这一制度既能吸引人才、激励人才，还能降低企业现金开支，一举两得。任何希望企业持续发展的企业家都应充分实施股权激励制度。

用好股权激励，必

现在有越来越多的

多。对此，很多企业主

用。其实，并不是股权

的本质和作用，甚至是

要想用好股权激励这一

股权激励的实

股权激励是指为使

出，企业有条件地给予

人力资本的经济价值很早就已为社会认可，现代企业的价值是由物质资本和人力资本共同创造的！但人力资本的法律地位并未被认可。任何资本所有者都会对其投资有回报要求。人才也会对其人力资本有回报要求。传统的基于雇佣关系的薪酬体系仅有短期货币工资和各种福利，不包括企业红利和产权溢价这些资本性回报，因此，人力资本所有者的回报要求必须通过新途径来满足。股权激励就是对人力资本的确认，从而为人才获得资本性回报铺平了道路。在法律只承认物质资本为股权的出资标的的环境下，物质资本出资人愿意让渡一部分股权收益给人力资本所有者以补偿其人力资本出资。例如，分红权赠予就是物质资本所有者无偿出让给员工部分税后利润，而员工无偿获得这部分税后利润，这部分利润就是人力资本的投资收益。这种让渡是建立在等价交换的经济规律基础之上的，是不需要支付对价的！很多企业主都认为人才要获得分红必须出钱购买股权，至多股权价格打些折扣，否则自己太吃亏了。这种认识是错误的，理由是人才在企业就业已把人力资本无偿投入企业，就有权获得资本回报，为什么还要再多出一份货币资本呢？如果员工又出钱购股，那么员工就应获得货币资本回报和人力资本回报两份投资收益。企业主是否承认人力资本是能否正确实施股权激励的思想基础，如果承认人力资本，则顺理成章给予人才分红权并允许员工以分红购买股权；如果不承认人力资本，再“大方”、再“仁慈”的老板也不会“无偿”给人才分红权。

另外，客观上，不少中国民营中小企业缺乏人才，而老板是所有物质资本和主要人力资本的所有者，这是罕有股权激励的根本原因。同时，如果老板出于主观意愿给予非人力资本所有者以股权，这是揠苗助长，绝不会带来业绩的提升，因为他不具备这个能力，对他怎么激励也改变不了他的能力。现实中股权激励不成功的一个重要原因就是选择了不具备人力资本的激励对象。

承认创意员工拥有人力资本从而确认其拥有企业剩余财产索取权（利润分配权）是一项重大的产权制度变革、分配制度变革！在此基础上，对创意员工实施股权激励制度，使其拥有企业利润分配权并将货币收益转变为企业股权，与物质资本投资人共同拥有企业的产权，实现员工与企业在根本利益上的深度绑定。实施股权激励制度，形成企业产权共有制，使员工与物质资本投资人的生产关系由雇佣关系转化为合伙人关系，直至消灭雇佣制。

展望未来，互联网技术将在更大范围深化发展与应用，大数据、云计算、虚拟现实、人工智能等技术将蓬勃发展，与这样的新技术相匹配的员工将是人力资本方面更为富有的资本家，其作用和地位将更为凸显。得人才者得天下的历史规律将更为清晰。可以预测，在未来股权激励将会成为企业最基本的管理制度，人力资本的法律地位也一定会确立！

股权激励对企业的作用

股权激励确认了员工拥有人力资本，使其获得了剩余财产分配权，也就确认了员工的企业股东地位，股东是企业的主人，有恒产者有恒心，员工当然愿意为企业付出，这有利于吸引、留住、用好人才。

股权具有长期回报的属性，而且其回报大小与企业短期费用多少成反比。这就要求激励对象追求长期回报，降低或放弃短期回报要求，鱼与熊掌不可兼得。这对企业有什么具体的作用呢？在员工享有资本性长期收益的情况下，企业为了长期回报最大化，就可以适度降低员工的薪金、奖金或保持薪资低水平增长。工资、奖金都是短期现金开支，而现金是企业的血液，对于对外融资困难的创业型中小微企业尤其重要！使工资、奖金尽量保持在低水平，就会降低企业的短期现金流支出，更多的资金用于企业经营，这会降低经营风险、延长企业寿命，使企业获得更多发展机会。当前中小企业经营成本不断上升，尤其是人工成本上升更为剧烈！实施股权激励，可以增强员工对远期收益的预期，降低对短期收益的要求，既稳定了人才，又降低了企业短期现金支出，一举两得！截至2017年6月30日，谷歌公司拥有863亿美元现金储备量，但是创始人拉里·佩奇和谢尔盖·布林的年薪均为1美元。CEO皮查伊2016年的基本年薪为65万美元，个人安保和空中交通费用为37.2万美元，合计102.2万美元。但是皮查伊

2016年被授予价值1.987亿美元的股票，两项合计近2亿美元，高于美国任何一家上市公司CEO的薪酬。皮查伊应该很满意，谷歌公司也很满意，因为两个创始人加皮查伊2016年现金薪酬总额为1022000+1+1=1022002美元。这个现金开支水平对谷歌而言微不足道。

股权激励的另一个显著作用就是大幅度降低公司监督成本。一般企业为了防止员工发生道德风险，做出侵害公司利益的事情，采取了严密的管控制度，实施“人盯人防守”。由这种管理方式而衍生出多层多级管理体系，还被冠以“制度完善”“管理规范”的美名，但其实这种制度监督成本极高，企业运作效率极低，反应迟钝，行动缓慢，很容易被激烈的市场竞争淘汰。对于实施股权激励的企业而言，员工已变成了企业的主人，个人利益与企业利益高度一致，发生道德风险的概率大幅降低。晋商有言，“薪金百两是外人，身股一厘自己人”，对自己人岂需严防死守？因此，企业可以实施极少层次的扁平化管理，企业运作效率更高、反应灵敏、行动快捷，更易成为市场竞争的胜利者！

雷军：小米管理扁平化　7个创始人外别人都没职位

小米公司有一个理念，就是要和员工一起分享利益，尽可能多地分享利益。小米公司刚成立的时候，就推行了全员持股、全员投资的计划。小米最初的56个员工，自掏腰包总共投资了1100万美元——均摊下来每人投资约20万美元。

小米的组织架构没有层级，基本上是3级：7个核心创始人—部门leader—员工。不让团队太大，稍微大一点就拆分成小团队。从小米的办公布局就能看出这种组织结构：一层产品、一层营销、一层硬件、一层电商，每层由一名创始人坐镇，能一竿子插到底地执行。大家互不干涉，都希望能够在各自分管的领域给力，一起把事情做好。

除7个创始人有职位，其他人都没有职位，都是工程师，晋升的唯一奖励就是涨薪。不需要你考虑太多杂事和杂念，没有什么部门私利，一心放在事情上。

这样的管理制度减少了层级之间因汇报传达而浪费的时间。小米现在2500多人，除每周一的1小时公司级例会之外很少开会，也没什么季度总结会、半年总结会。成立3年多，7个合伙人只开过3次集体大会。2012年“8·15”电商大战，从策划、设计、开发、供应链仅用了不到24个小时准备，上线后微博转发量近10万次，销售量近20万台。①

① 《雷军：小米管理扁平化　7个创始人外别人都没职位》，2013年9月23日，来源：中国企业家　作者：雷军。http://tech.ifeng.com/mi/detail_2013_09/23/29812432_0.shtml。

第二章

股权激励成功实施的理论和要诀

股权激励制度具有高度的抽象性、概括性、原则性、稳定性，是公司实施股权激励的根本大法。股权激励制度可以最大化避免企业主在股权激励问题上的随意性和盲目性，给员工以明确的预期。

股权激励的目标是打造魔力团队

股权激励应以打造魔力团队为根本目标

股权激励，顾名思义，就是用股权来激励人。但是，究竟是激励企业外部合作人还是内部员工呢？这个问题好回答，对外部合作人和内部员工都可以实施股权激励，但是，外部合作人对企业的贡献要远远小于企业内部员工的贡献。因此，重点应当是内部员工。

明确了员工是股权激励的重点，问题又来了，是激励某个员工还是某部分员工，抑或是全体员工呢？对这个问题社会上有不同的答案。有的人认为仅应该激励某一个或某部分贡献大的员工，也有人认为应该激励全体员工。我认为，股权激励不能仅仅激励某个或某部分员工，而是应当激励整个员工团队，它应当是针对全体员工的一项开放性制度。当然，激励整个员工团队的方式并不是必须人人持股，而是通过对符合条件的某个员工或某部分员工的股权激励来实现对全体员工的激励。说简单点，股权激励的大门向所有员工敞开着，谁符合股权激励的条件就激励谁。面向全体员工的股权激励就是以打造魔力团队为目标的股权激励。魔力团队就是梦想驱动、勠力同心、激情四射、矢志不渝、奋力拼搏、业绩卓越的顶级团队。

团队是企业生存发展的根本

人才的作用是巨大的，但企业发展不能依靠单个人才，必须依靠团队的集体力量。大家知道，除非是个体工商户，否则任何一家企业无论大小都是由两个以上的人组成的，这种人的集合就是团队。2014年美国沃尔玛公司（WalMart Stores）全球员工总数2200000人[①]，是世界上员工人数最多的企业，也就是世界上最大的员工团队。

① 2014年7月7日，来源：财富中文网　编辑：东方财富网，《2014年世界500强50家员工人数最多公司》。

根据百度百科的解释，团队也称组织，是由基层和管理层人员组成的一个共同体，它合理利用每一个成员的知识和技能协同工作，解决问题，达到共同的目标。

个别优秀人才对企业发展会起很大的作用，在某一时点或某一阶段甚至起到决定性作用，但是只要把观察的尺度放宽，我们就会发现，还是团队才能成为企业持续发展的支柱！例如，乔布斯是杰出的商业天才，创立了苹果公司，也挽救过苹果公司，但这也使得整个苹果公司对其过度依赖。乔布斯已去世多年，苹果却没有什么颠覆性的创新成果出来。现在的特斯拉也是对马斯克过度依赖，企业产能不足，长期亏损、身负巨额债务、大量裁员，整个公司的希望都系在马斯克一人身上。三星、华为这样的企业没有将成败压在领导者一个人身上，但是团队整体实力很强，走得更稳，后劲更足。团队源于个人但高于个人。

中小企业由于自身实力弱小，一般不可能吸引到特别杰出的人才，更需要靠一群平凡的人做出不平凡的事。

现代市场经济是最为严酷的竞争经济，任何企业都不能置身事外！市场很大，但竞争者太多。智能手机市场竞争可以作为现代市场竞争的一个缩影，现在的全球智能手机市场已是一片红海。根据Counterpoint公司发布的研究报告，2018年第一季度全球10大手机供应商占据了76%的市场份额，另外600余家手机供应商只能抢食剩下24%的市场份额。在竞争激烈的背景下却是市场需求的持续下降，2018年第一季度全球智能手机的出货量延续了2017年第四季度的下降趋势，同比下降3%。[①]

除了只有一个员工的企业以外，企业之间的竞争就是各个团队之间的比拼。

华为创始人任正非说："华为的成功，是狼性团队的成功！"就是要这么一群人：像狼一样，协同作战，集体作战。华为坚持"胜则举杯相庆，败则拼死相救"，依靠魔力团队，战胜了思科、诺基亚、爱立信等国际一流大企业。团队的力量在华为身上得到了淋漓尽致的体现。

腾讯是国内目前市值最高的企业，其创始人马化腾谈及腾讯的成功时说："这应归功于集体的战略智慧、执行力以及自发的危机感。一个人无法预知和操控时代，要懂得分工协作，依靠集体智慧，设定各自的分工和管理权限，群策群力，果断执行。

"一家公司的成功永远不只是钱或资源够不够的问题，关键的还是团队精神。传统行业会有资金密集型扭转的机会，但移动互联网基本不太可能，这个市场不是拼钱、拼流量，更多是拼团队，拼使命感

① 《智能手机市场竞争惨烈，安卓之父拟转让仅创办1年的初创公司》，凤凰网财经，来源：每日经济新闻，2018-05-25，http://finance.ifeng.com/a/20180525/16318484_0.shtml。

和危机感。”[①]

谁拥有了强大的团队谁将是竞争的胜利者！团队强则企业强，团队兴则企业兴，团队亡则企业亡！中外无数企业的成败都证明了这个规律。

思科靠5名创始员工活了下来

思科系统公司（Cisco Systems, Inc.）是全球领先的网络解决方案供应商。2000年春季市值达到5310亿美元，是当时市值最高的公司。在2015年《福布斯》世界500强排行榜中，思科排在第76位。

1984年12月，思科公司在美国成立，创始人是斯坦福大学的一对教师夫妇——计算机系的计算机中心主任莱恩·博萨克和商学院的计算机中心主任桑迪·勒纳，公司就设在他们家里，客厅就是制造部，在这里诞生了思科，也诞生了世界第一台路由器。该公司最早的5名员工——桑迪、莱恩、柯克、克雷格·萨茨和理查德·特罗亚诺，在没有得到任何工资的情况下为思科工作了3年。为了让刚刚起步的思科维持现金周转的顺畅，莱恩和桑迪找了75家风险投资公司无果，桑

① 李全伟，《马化腾当选内地最佳CEO：资源只是加法，产品力才是王道》，《哈佛商业评论》，2015-11-17，投资界网站，http://news.pedaily.cn/201511/20151117390435.shtml。

迪不得不继续为别的公司工作了几个月，把所得工资投入思科，莱恩也卖掉了自己的股票，并通过各种信用卡筹钱。直到1986年秋天公司才开始获得源源不断的订单，公司活了！①

思科5名员工能够在没有任何工资的情况下齐心协力苦战3年，为思科奠定了发展的基础。正是这种艰苦奋斗的精神，才造就了非凡的思科。

在这方面，中国也有很好的案例。阿里巴巴现在是中国最成功的电子商务公司，从它的早期创业过程也可以看出团队对于企业是多么重要。

阿里巴巴靠“十八罗汉”成最强电商

1998年，马云回到杭州“湖畔花园”小区，开始做“一个全世界最大的商人网站”。马云带着17个人成立了阿里巴巴，人称“十八罗汉”。创始人之一彭蕾回忆，当时公司的启动资金是50万元，18个人一起出钱凑的。“他希望公司是大家的，所以18个人都出了钱。”

由于启动资金仅有拼凑的50万元，阿里巴巴不得不一分钱掰成两半花。为马云工作，每月工资只有500元。在“湖畔花园”时代的阿

① [美]罗伯特·斯莱特著，王雪平译，《思科风暴》，第68~70页，中信出版社，2003年11月。

里巴巴，工资低，工作量却不少。正常作息时间是早9点到晚9点，有时候加班工作16个小时甚至更多。[1]

创业时大家认同马云的理想，同时都拥有阿里巴巴的股权，也就有了利益保障，因此才能凝聚出最拼的团队。大家精诚团结、奋勇拼搏、无怨无悔地去工作，才有了中国最牛的电子商务公司。

与前述案例相反，有些企业过得并不那么苦，但是稍稍碰到一点困难，团队就发生分裂，最后导致企业死亡。

酷6网因领导团队分裂而一蹶不振

在被盛大收购仅仅过去一年的时间，酷6网掉队了。创始人离职，亏损逐年变大，血腥大裁员……陈天桥派驻的酷6新CEO施瑜公开表示："酷6从此不再购买长视频版权，包括电影和电视剧等，将关注于社区化、UGC（用户生成内容）和短视频。"

在李善友离职，盛大大规模清理了创始团队之后，陈天桥与李善友就酷6网的发展战略产生的分歧浮出水面。陈天桥希望酷6的发展方向是"视频资讯新闻"，而李善友则更希望坚持购买正版版权的"大片模式"，最终不欢而散。

视频行业一向以"烧钱"著称，盛大在酷6身上已经投入了将近

---

① 《"教主"马云和门徒们的财富盛宴（图）》，2014年9月23日，来源：《新京报》，凤凰网科技，http://tech.ifeng.com/a/20140923/40819600_0.shtml。

2亿美元，却颗粒未收。而这或许正是促使酷6转型的最直接原因。烧了2亿美元，落得个尴尬转型。管理方与创始人理念不同，企业就不会有正确的方向和终点。①

团队建设对于所有的企业都重要，但对于中小企业尤其重要！因为在创业阶段，绝大部分企业都是弱小的，一般都既缺实物资产又缺现金，商业模式、产品尚在完善中，外部投资人多数会持观望态度，很难获得外部资金支持。房租、水电费、通信费、人员工资……企业每天都有方方面面的花销，压力很大。中小企业最大的问题就是活下去，活下去就有希望、就有机会，活不下去一切美好愿望都是“水中月、镜中花”。因此，马云说：“今天很残酷，明天更残酷，后天很美好，但是绝大多数人死在明天晚上，看不到后天的太阳！”马云又说：“小公司的战略就是两个词——‘活下来’‘挣钱’。”那么活下去的基础是什么？就是团队，就是一个能拼搏、能坚持、能担当的团队在支撑着中小企业活下去。团队稳则企业稳，如果团队都垮了，企业还怎么活下去？

---

① 《17家中国著名创业公司的失败血泪史》，搜狐网科技频道，2016-01-06，http://www.sohu.com/a/52700694_334634。

是什么决定着一支团队的整体功能

除个人独资企业（含个体工商户）外，任何一家企业都是由多名员工组成的一支团队，它是一个独立系统。系统指的是由相互作用、相互依赖的若干组成部分结合而成的，具有特定功能的有机整体，而且这个有机整体又是它从属的更大系统的组成部分。企业团队由全体员工构成一个独立系统，同时又是企业大系统的组成部分。根据系统的一般原理，有效整合的系统具有整体大于部分之和的特性。因此，有效整合的员工团队所显现出的整体功能应当大于各个员工能力的简单相加。不同的员工团队在完成任务的质量和效率上会呈现出不同的状态，这些状态就是团队的整体功能。团队整体功能的高低决定着企业大系统整体功能的高低，两者成正比。企业大系统整体功能的高低决定着企业竞争力的高低，这两者成正比。

任何一位老板都想拥有一支力量强大的优秀团队。那么，是什么决定着一支团队的整体功能呢？团队的整体功能是由团队成员的素质、企业文化和企业管理制度决定的。员工素质指的是员工的受教育程度、道德修养、思想水准、工作能力、健康状况等综合要素。员工素质高，对团队的整体功能会有提升作用；员工素质低，对团队的整体功能会有削弱作用。任正非认为：“我们搞科研，人比设备重要。用简易的设备能做出复杂的科研成果来，而简易的人即使使用先进的设备也做不出什么来。”①

企业文化包含了企业的价值观和经营理念，对员工起到精神引领的作用，对团队的整体功能具有重大影响。但是，企业文化主要蕴含在企业的管理制度之中，很少是独立存在的。

企业管理制度包括了企业的组织架构、职权配置、运作流程、分配制度等具体内容。企业管理制度先进，团队整体功能强，相反则弱。员工素质与企业管理制度相比，后者应当是起决定性作用的。这是因为，员工素质在具体时空是一定的，但其发挥程度是受到企业管理制度制约的。员工的素质、企业的物质条件（统称物质要素）都需要员工自身的主观能动性来发挥作用。如果主观能动性高，物质要素的效能就大。例如，我国科学工作者怀着对人民和祖国的挚爱，在吃不饱饭的情况下搞出了“两弹一星”。如果主观能动性低，物质要素的效能就小，如很多有财有物的大企业却比不过白手起家的中小企业。员工的主观能动性在很大程度上是受企业制度制约的，先进的企业制度能够充分激发员工的主观能动性，落后的企业制度会阻碍员工

① 《华为28年来为何不上市？任正非回应》，新华网，记者赵东辉、李斌、刘诗平、蔡国兆、彭勇、何雨欣，2016年5月9日。

主观能动性的发挥。例如，在民主气氛较浓的企业，员工积极参与企业管理，经常提出合理化建议；在等级森严的企业中，员工工作自决权少，凡事要请示上级，员工一般就不会动脑筋干活了，其潜能就会受到很大压制。

企业管理制度又可分为技术管理制度和利益分配制度，前文所述企业的组织架构、职权配置、决策方式、运作流程就属于技术管理制度，主要是方法论。技术管理制度对发挥团队整体功能具有重要的作用。同样的一群人会因不同的组织架构和运作流程而具有不同的效能。

利益分配制度则指对员工工作付出给予的利益回报。在企业制度中起决定性作用的应当是利益分配制度，技术管理制度仅起到辅助作用。这是因为在认同企业价值观及发展战略的基础上，利益分配制度是决定团队成员的主观能动性（或工作积极性）的最关键要素。对于绝大多数员工来说，在市场经济条件下，金钱的作用是巨大的，深刻地影响着个人及其家庭的生存状态，是其他一些活动的基础。

做对自己有利益的事情才能调动人的积极性，利益越大积极性就越高。这是普遍真理。《微软的秘密》一书中关于微软员工工作状态有这样一段描述：戴夫穆尔描述了微软典型的一天，他说，“在微软的情形是这样的——早上醒来，去上班，干活，觉得饿了，下去吃点早餐，接着干，干到觉得饿了，吃点午餐，一直工作，直到累得不行了，然后开车回家睡觉”[1]。为什么微软员工这么拼命地工作？因为微软的大多数员工拥有公司的股票，很多人都是百万富翁，工作越努力收获就越大，当然成了工作狂。

微软员工为什么有冲天干劲？

通常，盖茨的政策是低工资，但以奖金和股权形式给予较高的激励性收入补偿。行政官员和高级雇员的基本工资比公司的平均工资高不了多少。盖茨1994年只拿了27.5万美元的工资和18万美元奖金。但他还拥有公司25%的股票。其他高级行政人员拿的也差不多或更少。像史蒂夫·鲍尔默（他拥有公司5%的股票，是公司第三大亿万富翁，仅排在盖茨和保罗·艾伦之后——保罗·艾伦作为董事会成员拥有公司10%的股票），1994年他工资收入为24万美元，奖金为19万美元；麦克·梅普尔斯工资是24万美元，奖金为25万美元。刚从大学毕业的新雇员（10级）工资为3.5万美元左右，拥有硕士学位的新雇员工资约为4.5万美元。对于资深或非常出众的开发员或研究员，盖茨将给予两倍于这个数目或更多的工资，这还不包括奖金。程序经理和产品经理与开发员的工资几乎一样多。测试员的工资要少一些；刚开始时为3万美元左右，但对于高级人员，其工资亦可达8万美元左右。由于

---

① [美]迈克尔·科索马罗、理查德·塞尔比著，程化等译，《微软的秘密》，北京大学出版社，西蒙与舒斯特国际出版公司，1997年，第94页。

拥有股票，微软的1.78万雇员中大约有3000人是百万富翁——大概算是相似规模公司中百万富翁比例最高的。[①]

不仅利益分配的绝对量影响到人的积极性，利益分配的相对量也同样影响人的积极性。利益分配的相对量涉及利益分配的公平性，即团队成员间收入与贡献平衡的分配法则——公平分配法则。利益分配的相对量甚至比分配的绝对量更重要，“不患寡而患不均”指的就是这个意思。但是，简单的平均分配绝不是公平分配而是分配不公，同样会损害贡献多者的积极性，从而降低团队的整体功能。因此，要想使利益激励发挥作用，还要遵循公平的分配规则。如何做到公平分配？企业必须建立完善的绩效考核制度，正确地评定每个人的贡献，然后依据每个人的贡献给予利益激励。公平的利益激励制度，一方面使员工获得大额利益，另一方面达到心理平衡，所以对员工的激励作用是最大的！

利益分配制度还制约着组织管理制度。前者对后者起到促进或阻碍的作用。例如，现在流行的扁平化管理制度，如果没有解决好利益分配制度，它带来的不是效益而是灾难！因为扁平化就意味着管理层次的削减，就意味着个人权力的增长、监督的弱化、风险的扩大，如果利益分配恰当，员工当然工作效益大增，如果利益分配不当，员工就会滥用权力，会给企业带来更大的损失。

---

① [美]迈克尔·科索马罗、理查德·塞尔比著，程化等译，《微软的秘密》，北京大学出版社，西蒙与舒斯特国际出版公司，1997年，第116页。

如何实现团队整体功能最大化

怎样提升一支团队的整体功能呢？这就涉及团队建设问题。MBA智库百科对团队建设的定义是：团队建设（Team Construction）是企业在管理中有计划、有目的地组织团队，并对其成员进行训练、总结、提高的活动。我们认为团队建设就是对团队整体功能的优化与提升，是通过一系列的行动使得团队成员的个人能力成长，团队凝聚力增强，团队整体功能提升。也就是说，团队的整体功能要通过团队建设来显现和提升，当然，不同的团队建设措施就会有不同的团队整体功能。

根据上文阐释，既然员工素质、企业文化和管理制度决定着团队的整体功效，那么只要改善优化这三者，就会提升团队的整体功能。

因为管理制度是决定团队整体功能的关键，那么改善管理制度就成为提升团队整体功效的关键。又因为利益分配制度是管理制度的关键，那么改善利益分配制度就成为改善管理制度的关键。

总结如下：可以通过提高员工素质，改善企业文化、技术管理制度和利益分配管理制度等团队建设措施来实现团队整体功能最大化，而其中最重要的是改善利益分配制度。

股权激励是打造魔力团队的“核武器”

利益分配制度是实现团队整体功能最大化、打造魔力团队的关键。利益分配手段有很多，如工资、奖金、福利待遇、升职、授权、精神鼓励，而股权激励是涉及产权制度变革的利益分配制度，其他利益分配制度的激励力度都不能与它相提并论。因此，股权激励是最重要的利益分配制度。由此可以得出，股权激励是实现团队整体功能最大化、打造魔力团队的首要工具。

股权激励的力度大首先体现在获利额数量特别大！在当前社会条件下，股权激励在利益分配的绝对量上是无可匹敌的，因此它是人类社会到目前为止力度最大、最彻底的利益分配制度，它对团队成员的激励作用是最大的！

苹果公司CEO蒂姆·库克在2015财年的薪酬共计是1028.13万美元，这包括了200万美元的年薪，非股权激励800万美元，以及其他收入28万美元。但是，当年有560000股限制性股票单位（RSU）归属于他，价值接近5800万美元。

中国民营企业迫切需要打造魔力团队

在经济新常态以及供给侧结构性改革的新形势下，中国民营企业面临转型升级、创新发展的严峻挑战。创新发展主要不是依赖于增加物质要素投入，而是依靠魔力团队。但是，民营企业团队建设情况不容乐观，存在诸多问题。

（一）企业主对人才和团队的重要性认识不足

很多民营企业主爱财不爱才，见物不见人。他们认为金钱、实物才是做企业的关键，至于人嘛，中国的劳动力很多，招之即来，挥之即去。不爱才就不会重视人才，也不会重视团队，更不可能下力气去研究团队、发展团队。

人才培养与团队建设是一个伴随企业发展的同步过程，仅仅靠金钱砸出来的团队是靠不住的。如果单靠钱来维系团队，你能砸钱，别人也能砸钱，谁给得多人就往哪里走，你怎么能保证自己给员工出的价是最高的呢？另外，又有哪一家企业敢保证在长期发展中没有波动呢？本来你给员工的钱不少，但是当企业遇到难处时，给不了员工那么多钱了，这时如果员工能和企业一起扛，兴许还能渡过难关。但是，按照谁给钱多就给谁干的原则，员工必然会选择离开。困难时，员工一走企业也就完蛋了。单纯用钱只能换来唯利是图的团队，这样的团队缺乏担当精神，只能同甘不能共苦，绝不可能成为可靠的团队。

（二）企业自身条件差制约人才引进和培养

中国有不少企业建立在资源成本优势的基础上，其中尤其是劳动力的低成本。这种产业结构很难去吸引优秀人才。因为人才的自身培养成本很高，需要高报酬工作岗位来回报自身投入，低端企业根本不能提供这样的工作岗位。

（三）关键岗位缺乏人才

民营企业是就业的主力军，但是员工的专业技术能力普遍偏低。例如，工人里高级技工占比，日本为40%，德国为50%，中国仅为5%，全国高级技工缺口近1000万人。

低专业技能的员工不能从事高附加值的复杂劳动，也不能参与高难度的团队协作，严重阻碍了团队整体功能的提升。以制造业为例，由于产业工人整体素质和技能水平不高，我国劳动生产率水平仅为世界平均水平的40%，相当于美国的7.4%。以2015年为例，我国单位劳动产出7318美元，世界平均水平为18487美元，而美国是98990美元。一名美国工人创造的财富相当于13个中国工人创造的财富，这成为我国制造业“大而不强”的主要原因之一。[①]

（四）人员流动率较高

员工的高流动性是中国民营企业的一个显著特征。据领英统计：中国职场人跳槽率正持续加快，近3年（2015—2017年），职场人平均在职时间从34个月递减为22个月，不到两年就要跳槽一次。这样高的人员流动率对中国民营企业团队建设是致命的危害。团队的整体功效取决于团队成员的素质和相互配合，而无论是提高素质还是加强相互配合都需要时间。老员工刚刚有所积累就跳槽了，为寻找新员工要花费一定时间，这会影响团队的正常工作；刚换上来的新员工对工作岗位不熟悉，对于团队内部成员不熟悉，需要花时间培训和沟通，这些都会对团队整体功能的发挥产生负面影响。俗话讲：“铁打的营盘流水的兵。”如果士兵流动过快，营盘就不再是铁打的，而是豆腐做的。

---

① 经济参考报，《“大国工匠”何处觅？中国高级技工缺口高达千万》，2017年4月17日，http://edu.sina.com.cn/l/2017-04-17/doc-ifyeimqc4277032.shtml。

（五）团队建设综合水平相对较差，缺乏科学管理

英特尔原CEO葛洛夫曾经指出：中国企业不太注重团队建设。他说，中国人的创造能力、拼搏精神都很强，因而在世界级富翁中，华裔富翁不乏其人。但是，中国的一些企业家对于组织的运作缺乏热情，也缺少方法，因而当今世界级企业中，华人办的企业极少。葛洛夫所言极对。中国改革开放40年，成就了无数企业家，但是真正能称得上世界顶级企业的还是太少。

著名作家柏杨说："一个中国人是一条龙，三个中国人是一条虫。"在民营企业确实普遍存在这种现象。企业组织内部的各个部门、各个成员之间缺乏沟通交流，彼此封闭独立，甚至相互倾轧！只要组织稍微大一些、存在的时间长一些，就会出现各自为战、派系纵横、山头林立的状况。这种组织的整体功能很差，不能团结在一起办大事。

现在我们都知道拥有核心技术很重要，而核心技术要依靠巨额投入，整个企业必须尽全力将自己的人力、财力、物力长期投入到核心技术研发上，才会有所突破。现在国内已拥有很多大型民营企业，可是，为什么很少拥有核心技术呢？这固然和企业成立时间短有关系，更重要的是企业组织内部各自为战、山头林立，相互间缺乏协调配合。你做你的，我搞我的，最终都是在做些没有竞争力的小业务。

中国民营企业团队建设为什么存在缺乏整体性这个通病？笔者认为，最关键的原因是中国经济史的主体是自给自足的小农经济，几

乎没有经历过充分市场经济。在自给自足的小农经济条件下，人们只关心自家的一亩三分地，用不着去和别人配合、协调。这种经济结构也就形成了人们“自顾自”的思维模式。在充分市场经济条件下，市场主体只有做到规模经济才有竞争力，才能生存发展，而规模经济必须依靠大量人员相互间的分工、配合、协调。所以，在市场经济条件下，就形成了“团队配合，整体作战”的思维模式。现在的中国，市场经济已有了长足发展，团队意识也有了很大提升，但是几千年以来的小农经济自我意识具有强大的惯性，还需要跟它做长期斗争。

（六）企业核心团队不健全，决策质量低，企业经营风险高

中国民营企业绝大部分属于个人或家族企业，股权高度集中，50%以上甚至100%的股权都控制在创始人及其家族手中。高度集中的股权又导致权力结构高度集中，企业的人事、财务、业务大权基本上都掌控在创始人及其家族手中。绝大多数民营企业的高管团队不健全，没有形成人员齐备、结构合理、功能强大的领导团队。

唐骏劝陆奇不计名、不计权

2017年1月17日，百度宣布任命微软前全球执行副总裁陆奇为百度集团总裁和首席运营官（COO），负责产品、技

术、销售、营销运营。同为微软前高管，被称为“打工皇帝”的唐骏立即对陆奇加盟百度进行了苦口婆心的规劝。唐骏在致陆奇的公开信中说：

“第一，不计名、不计权。你现在是百度总裁，但是其实在百度内部已经没有那么重要了，因为大家已经习惯了只有一个老板的工作方式，这和外企完全不一样。也许你被授予了一系列的人事权和财权，但是最终还是会到那个人那里最后决策，虽然他会非常尊重你的观点也会支持你的观点。所以在百度，你不需要去在乎名、在乎权。

“第二，不计较分工。在盛大的时候我和陈天桥的约定就是，陈天桥不做的都是我做，这样就避免二人同做一件事情，避免了可能产生分歧的空间。我当时不懂游戏，而你比我要强势得多，人工智能、虚拟现实、量子计算等都是你的长项，李彦宏和你完全可以不做同样的事情的。”[1]

唐骏假借劝谏陆奇，实际上说明了中国民营企业的管理现状。无论人才有多大的能力，被赋予了多高的职位，最后大事小情还要由创始人来决策，中国企业团队内部做不到真正的分权。中国民营企业

---

① 《唐骏劝陆奇：给百度打工要小心，我是过来人》，2017-01-25，来源：观察者网，搜狐新闻，http://news.sohu.com/20170125/n479557709.shtml。

团队内部也没有真正明确的分工。企业是老板的地盘儿，老板一人眉毛胡子一把抓，想做什么就做什么。对于中小企业而言，管理团队不健全，老板权力多一些、干得杂一些，还是有必要的，可以理解的。但是，一些已经发展起来的顶级大企业，高管团队人员齐整、明星云集，仍然做不到权责分明、分工确定，创始人仍然习惯于掌控一切决策权，处理企业所有的事务，仍然是一个“大个体户”。这就令人费解了。笔者认为，这就是自给自足小农思想在老板的大脑中作祟，也就是马克思所说的：死人抓住活人！这样管理企业的结果就是：老板很累，但工作质量不高；员工很烦，有劲使不出来；企业很弱，总是强不起来。这样的团队就像有一手好牌却打臭了。

权力高度集中在老板一人之身，企业命运系于老板一人，使企业处于巨大的风险之中。老板个人知识、能力、精力有限，随着企业规模的不断膨胀、业务的增长、外部市场环境的剧变，决策负担愈加沉重。这时仍由老板个人专断，决策质量就会降低，经营风险升高，企业生死难料。中国中小企业的平均寿命仅有3年左右，很多企业就是死于乱决策。当年无比风光的巨人集团就是因为创始人史玉柱的盲目决策而失败的，这样的案例不胜枚举。

1991年，史玉柱成立巨人公司；1995年，史玉柱被《福布斯》列为中国内地富豪第8位。1994年，史玉柱决定动工兴建巨人大厦，当时计划投资1个亿盖一座38层的大厦。某领导视察之后，十分高兴地说了句：“这楼的位置不错，既然要盖，干吗不盖得再高一点？”史玉柱随即改变了主意，将38层的计划改为了54层。

然后广州传来个消息，说广州要盖座全国第一高楼——63层楼。有人给史玉柱提议，我们直接盖64层，拿下个全国第一高楼。后来因为某领导计划视察，有人觉得“64”这个数字不吉利，可能影响不好，思前想后，干脆直接70层得了。

从38层的计划，变成了70层。从计划投资1亿元，到预算超12亿元，工期延长6年，这些变数可想而知。终于在1996年，因为巨人大厦的投资过于巨大，巨人集团的财务危机全面爆发。从此巨人集团倒闭，史玉柱身负2.5亿元债务。[①]

（七）团队整体功能不强业绩差

由于团队建设整体水平都不高，因此中国各行业企业主体众多，呈现小、散、弱状态。例如手机行业，中国是世界上手机厂商数量和手机出货量均排第一的国家，但大家辛辛苦苦忙了半天，却没挣到几个钱。

---

① https://item.btime.com/m_2s22umyk77v。

市场研究公司Strategy Analytics的最新报告显示：2016年第三季，智能手机的总营业利润为94亿美元，而苹果的营业利润高达85亿美元，占据了高达91%的比例。华为、vivo以及OPPO排在第2—4位，占比分别为2.4%、2.2%、2.2%。

苹果新推了iPhone 7和iPhone 7 Plus。起售价为649美元，但据研究机构IHS Markit的数据显示，成本仅需224.8美元。[①]

中国民营企业需要由个人经营管理模式逐步转向团队经营管理模式。

通过上文对中国民营企业团队建设情况的介绍可以得出结论：中国民营企业的团队现状整体上处于低端状态。现在的团队离魔力团队的标准还有极大的差距，还远远不能支撑创新发展、重塑竞争优势的要求。

造成团队整体水平低下的根本原因是企业主个人集权经营管理模式——股权和管理权高度集中，个人凌驾于团队之上，可以为所欲为，从而极大地压制了团队整体能量的发挥。

为完成转型升级、创新发展的时代重任，中国民营企业需要由个人经营管理模式逐步转向以老板为领袖的团队经营管理模式。依靠团

① 李伦，《Strategy Analytics：2016年Q3智能手机营业总利润94亿美元，苹果占91%》，来源：驱动中国，2016-11-23，http://mobile.qudong.com/article/376701.shtml。

队经营管理才能群策群力，发挥众人的力量，形成团队的整体优势。

这里必须强调，团队经营管理模式并不反对重视领袖。领袖是团队的核心，团队需要由领袖来凝聚、来引领，没有领袖也不会形成整体功能强大的魔力团队。而且，企业的领袖一般就是企业的创始人，创始人最有领袖资质。企业是由创始人亲自设立的，也是靠着创始人的拼搏而生存发展的，创始人最爱自己的企业，创始人对企业的价值无人能替代。不能一说搞团队经营管理，就是让老板当甩手掌柜，由职业经理人负责打理企业。这种理解是错误的，我们反对的是老板个人集权专断，并不反对老板行使团队带头人的管理权。老板对自己的企业最熟悉、最有感情、最有责任感和奋斗精神，由他做团队领袖最合适！只有当老板年老、身体功能退化、知识陈旧之时才可以考虑由其他经理人接替团队领袖的职位。

采取团队经营管理模式，中国民营企业必将打造出一支决策科学、执行有力的魔力团队。有了魔力团队，何愁转型升级创新发展？有了魔力团队，中国民营企业不仅能解决生存发展的问题，而且将培育出更多国际一流的优秀企业。

为打造出魔力团队，中国民营企业尚须大力应用股权激励。

中国民营企业转型升级、创新发展需要打造魔力团队，而打造魔力团队的“核武器”是股权激励。中国中小企业的团队建设水平低，整体效能不高，更需要充分利用股权激励。所以，中国民营企业要充分认识股权激励的价值，充分使用这一工具。

现实的情况是，中国民营企业应用股权激励太少。2016年至2017年2月13日，创业板市场共公布129份股权激励方案，占同期596家上市企业数的21.31%。在中小板，该数据是99份，占833家上市企业数的11.88%。从主板市场看，1677家上市企业共公布了80份股权激励方案，占比4.77%。来自股转系统数据显示，截至2015年12月31日，新三板挂牌企业总数5129家，这时的股权激励方案公布140份，占2.73%。再看2016年以后，截至2017年2月13日的新三板企业总数达10544家，同期的股权激励方案数是285份，两者粗略对比是2.7%。能在新三板挂牌或者在创业板、中小板上市的企业，总体上是较为优秀的民营企业，但是实施股权激励的比例仅为2.7%、21.31%、11.88%。非挂牌及非上市企业实施股权激励的比例更少。另外，实施股权激励的企业大多也是“千年等一回”，很少有把股权激励作为常规管理工具持续应用的。由此可见，中国民营企业尚须进一步拓展实施股权激励的空间。

打造魔力团队，企业家精神格外重要！民营企业家要勇于突破自我！古人能用股权激励，条件更优越的企业也在用股权激励，我们当代的民营企业家为了能够在激烈的市场竞争中生存发展，就要更彻底地实施股权激励，敢于把更大数额和比例的股权以更优惠的条件与员工分享。

打造魔力团队，需要企业主执着梦想、解放思想、突破自我，与员工分享股权，把员工定义为合伙人，把自己的企业变成大家的企业，把企业团队打造成理想共同体、利益共同体、命运共同体。民营企业家能够打造出魔力团队，不仅会给企业带来美好的前程，而且也会给自己带来极大的成功。

股权激励必须以建立事业合伙制为使命

现在很多人理解的股权激励实际上比较狭隘，他们认为股权激励就是一种纯粹的利益分配，无非就是用未来的利益满足员工现实的要求。按照这种逻辑，即使实施了股权激励，员工还是员工，老板还是老板，员工和老板之间仍然是雇佣关系。

实际上，股权激励的使命绝不仅仅是利益分配制度的改善，更是创建新型的企业人际关系——事业合伙关系。

我们都知道马克思对雇佣关系深恶痛绝，认为它是资本主义一切罪恶的源泉。雇员必须在企业经营管理中完全服从老板的命令指挥，绝不可以抗拒，否则将受到扣减工资、奖金直至被解雇的处罚。在这种制度下，雇员没有多大自主权，对工作也没有多大兴趣，工作就是为了糊口谋生。

雇佣关系适用于生产力低下阶段，雇员主要提供体力劳动，可替代性强，劳动力市场剩余严重，企业可以雇用到大量雇员。随着生产力的发展，体力劳动已不再重要，甚至走向消亡，脑力劳动成为主旋律。

对体力劳动者施以命令、指挥、体罚，就可以保障正常的生产进程，那么这一套适用于脑力劳动者吗？答案必然是否定的！因为智力劳动具有极大的不确定性，不要说外部强制力，就是当事人自己有时都很难控制。

智力劳动成果的质量极大程度上受劳动者自身情绪的影响。如果劳动者情绪高涨，可能会创造出惊世之作，如果情绪低落，可能仅会产出平庸之作甚至一无所获。

智力劳动给企业所创造的价值是任何体力劳动望尘莫及的。相差不是数倍、百倍而是成千上万倍。

这种脑力劳动者被管理大师德鲁克称为“知识员工”。经济学家西奥多·W.舒尔茨更是揭示了其经济本质——脑力劳动者身体内蕴藏着人力资本。人力资本是体现在人身上的资本，即对生产者进行普通教育、职业培训等支出和其接受教育的机会成本等价值在生产者身上的凝结，它表现在蕴含于人生中的各种生产知识、劳动与管理技能和健康素质的存量总和。人力资本如同物质资本一样可以给企业带来经济收益甚至是更大的回报。

人力资本具有专属性，与特定劳动者不可分离，而且不可压榨，只能激励。随着生产力的发展，企业运作越来越依赖具有人力资本的知识员工。在这个基础上雇佣关系已无法施展拳脚了，逐步退出舞台，一种全新的管理制度——事业合伙制逐步走向舞台的中央。

事业合伙制的崛起不是传统合伙制的复兴。传统的合伙制一般仅指商业合伙关系，是各自拥有资源的商人之间的合作。而事业合伙制则是更进一步的合伙关系，大家要在一起为完成同一事业投入全部精力（劳动）。而商业合伙人可能仅投入资金或实物等资源，并不投入精力。商业合伙关系是建立在合伙人对个别目标达成共识的基础之上，而事业合伙关系是建立在合伙人核心价值观高度一致的基础之上。前者是局部、短期、一般利益共同体，后者是整体、长期、根本利益共同体。因此，事业合伙关系是比商业合伙关系更密切的合作关系。

股权激励是构建事业合伙制的工具，股权激励对象可能已经是事业合伙人了，也可能是准事业合伙人。

使员工拥有企业股权是构建事业合伙制形成事业合伙关系的标志性条件。有了股权激励不一定是事业合伙制，但没有股权激励绝不可能达成事业合伙制。明清晋商就有一句经典名言证实了这个道理：“薪金百两是外人，身股一厘自己人。”这句话的意思是，工资拿很高的员工对老板来说也是不可深度信任的人，身股拿很少的员工对老板来说也是值得信赖的心腹。

生产力的发展促进生产关系的变革，而生产关系的变革又进一步解放和促进生产力的发展。企业的真正变革发展在于改善内部关系，政治经济学称之为生产关系，指的就是企业内部各方主体之间的关系。它包括所有制关系、组织管理关系、分配关系。企业基本的主体是投资人，也可以称为资本家、雇员。但是雇员又可以分成经营管理者（也可以称为企业家或高管）、中层管理者、普通员工。企业家为企业提供的劳动就是经营管理活动，这种劳动是关系到企业生死存亡的高级脑力劳动。企业家的经营管理才能在经济学上被称为企业家才能。

企业的内部关系包括投资人（资本家）和雇员的关系（雇佣关系）、投资人（资本家）之间的关系（商业合伙关系）、雇员之间的关系（管理与被管理的关系）。在市场经济的早期阶段，生产关系的重点是资本家与雇员的关系，到后期阶段，重点变成了雇员之间的关系。

在历史上的传统企业里，企业主兼具投资人（资本家）和企业家双重身份。作为资本家，企业主向企业投入了物质资源（现金、实物等）；作为企业家，企业主提供了经营管理活动，因此必须承认他们也是劳动者。即使某个企业主恶贯满盈，我们也不能否定他的劳动，不能把他说成是一个不劳而获者。

在第一次技术革命之后的传统企业，大多数企业仍然是企业主同时兼任资本家和企业家。此时物质资本的作用对企业十分重要，因此，人们往往忽略企业主的企业家身份，仅仅强调其资本家身份，这就形成了资本雇佣劳动、资本家统治劳动者的普遍观念。在这种条件下，物质资本拥有无上高贵的地位，劳动力所有者（雇员）地位低下。在这个阶段，企业内部最重要的关系就是劳资关系，即雇佣关系。这被马克思定义为阶级统治，所有者与雇员是对立的两个阶级，资本家奴役和统治雇员。

随着生产力的发展，出现了第二次技术革命，经营管理企业越来越成为一项专门的技能，有的资本家具有这样的能力，如美国石油大亨洛克菲勒、钢铁大王卡耐基，但有些资本家不具备这样的才能，于是就把经营管理企业的权力交给了企业的高级雇员，资本家与经营人实现了分离，高级雇员逐步掌控了企业的经营管理权。企业所有权与控制权的分离导致职业经理人阶层兴起。资本家卸掉了企业家的职能成了单纯的投资人，职业经理人成了企业家。美国宾夕法尼亚铁路公司在1860年就实现了所有权与控制权的分离，职业经理人完全掌控了企业的管理权。从此，资本家对企业的影响力山河日下，职业经理人作为企业家对企业的命运掌控得越发牢固。企业内部最重要的关系变成了企业家和中下层雇员的关系，即上级与下级的关系。虽然企业中下层员工的地位和权利已较从前大为改观，但是企业员工组织内部有着多层级的森严秩序，上层员工对下层员工进行着严格的操控，员工与企业之间的关系仍然被定义为雇佣关系。

第三次技术革命之后，高科技时代到来，企业的发展更加依赖于知识员工和团队协作，企业内部的森严等级制度受到巨大的冲击。以英特尔为首的高科技企业奉行平等、自由、开放的企业文化。更多的员工拥有了股权，企业家和中低层员工的等级界限变得模糊。

在互联网时代，知识经济完全确立，具有雄厚人力资本的各类创新精英全面崛起。资本家进一步向人力资本家让步，二者之间形成以人力资本为主导的商业合伙关系，物质资本的地位更为弱化。阿里巴巴第一大投资人是软银，但它的代表人孙正义并不掌握阿里巴巴控制权，阿里巴巴的控制权牢牢掌控在以马云为首的经营团队手中，而经营团队持有的股权比例远远低于软银。同股不同权制度的流行就是人力资本占优势的具体体现。这是划时代的伟大进步！资本不再控制人，而是由人控制资本！这一趋势将更加强化下去。企业内部关系进一步去等级化、去中心化，正在转变为事业合伙关系。

事业合伙关系是一种平等合作关系，体现为平等、自由、透明、自觉、团队精神。企业员工都是企业的主人，彼此核心价值观高度一致，拥有共同的愿景，相互权利和义务平等。

事业合伙制建立在平等协作关系之上，从而可以引起企业管理制度的重大变革。主要是符合了科学决策、强力执行总原则！具体而言，就是大幅度促进群策群力的民主决策、人人自觉自愿地深度执行，最终实现团队整体功能最大化——企业竞争力最大化！这种功效是雇佣制下的等级控制关系所望尘莫及的。

在互联网时代，企业最需要什么样的管理体制呢？首先互联网时代，市场需求变化更快，技术和产品迭代更快，企业竞争更激烈，在这种环境下只有偏执狂才能生存。而这个偏执狂不能仅仅是某一个英雄豪杰，而应是具有共同目标团结协作的一个团队！企业只有适应这种新生态环境才能生存发展。

过去的企业基本是个人独资企业，决策方式基本是个人专断，执行基本是高压管控。导致员工没有积极性，没有参与权，决策质量低，执行力弱，效率差，团队整体功能不强，企业竞争力弱；在互联网时代，建立在事业合伙制基础之上的企业，企业是大家的，决策是民主的，执行是自觉自愿的。因而员工工作积极性高，参与权大，决策质量优，执行力强，效率高，团队整体功能强，企业竞争力强！

对于腾讯取得的卓越业绩，马化腾说："这应归功于集体的战略智慧、执行力以及自发的危机感。一个人无法预知和操控时代，要懂得分工协作，依靠集体智慧，设定各自的分工和管理权限，群策群力，果断执行。"①"一家公司的成功永远不只是钱或资源够不够的问题，关键在于团队精神。传统行业会有资金密集型扭转的机会，但移动互联网基本不太可能，这个市场不是拼钱、拼流量，更多的是拼

① 李全伟，《马化腾当选内地最佳CEO：资源只是加法，产品力才是王道》，《哈佛商业评论》，2015-11-17，http://news.pedaily.cn/201511/20151117390435.shtml。

团队，拼使命感和危机感。”[1]马化腾已经道出了企业在互联网时代胜出的秘诀：打造一支胸怀梦想、群策群力、紧密协作、高效执行的魔力团队！

企业内部关系转向事业合伙制打造魔力团队的过程中，根本工具就是股权激励！股权激励是对知识员工人力资本的确认！它使员工对企业的经营成果也拥有了分配权，成为真正的主人，使员工和企业家成为事业合伙人。这才是新时代企业制度创新与变革的本质。

很多企业主实施股权激励仅仅希望给予员工一些经济利益而不触动企业的现存生产关系——雇佣制、等级制。维持雇佣制、等级制的股权激励是不符合时代发展大势的，它也不会起到多大的作用。很多企业都用持股平台把员工股东锁住，除了经济权利外，其他一切权利皆无。这种股权激励就是纯薪酬导向型的股权激励，它不能充分释放员工的人力资本潜能，不会对企业发展有根本影响。

事业合伙制真正使人力资本员工成为企业的主人，可以更好地激发人的创造力，真正做到群策群力，使企业员工团队的整体功效最大化！最终能使企业的竞争力真正爆发式提升！采取了事业合伙制的企业才是符合历史潮流具有光明前途的伟大企业，股权激励只有以建立事业合伙制为使命，才能真正发挥出巨大的作用。

① 李全伟，《马化腾当选内地最佳CEO：资源只是加法，产品力才是王道》，《哈佛商业评论》，2015-11-17，http://news.pedaily.cn/201511/20151117390435.shtml。

中小企业成功实施股权激励的要诀

2016年年末，全国工商登记的中小企业超过2600万家，这些企业占中国企业总数的99%以上，对GDP的贡献超过60%，对税收的贡献超过50%，提供了近70%的进出口贸易额，创造了80%左右的城镇就业岗位，中小企业已成为经济和社会中的一支重要力量。中小企业大多是由一位或数位自然人创始人设立并经营管理的企业。一般而言，绝大多数民营企业都属于中小企业，这些企业一般规模很小，股权高度集中在创始人名下，资金匮乏，经营管理经验不足，品牌弱小，产品、技术、经营管理都处于幼稚阶段，这类企业就如同婴儿离不开妈妈一样，对创始人的依赖性极强。中国经济已经步入新常态，各领域市场竞争更加激烈，中小企业面临着转型升级、自主创新的严峻挑战。在这种形势下，中小企业迫切需要人才，但由于自身弱小，很难吸引到优秀人才，即使招到了人，也往往由于待遇低、企业风险高，人才流动率极高。股权激励是一种长期激励方式，众多中外名企的成功实践已强力证明，股权激励对于吸引、留住人才具有极其重要的作用。对于工资福利条件较差的广大中小企业，股权激励真是一件吸引和留住优秀人才、做大做强企业的"核武器"。

现在中小企业主日益认识到股权激励是企业管理的一项重要制度，也有很多企业进行了股权激励的尝试，然而真正能成功实施股权激励取得良好效果的却并不多，甚至很多企业得到的是负面的效果。例如，企业实施股权激励后，人才仍旧流失、工作积极性仍不高、业绩不见提高；还有人得了股权，反而躺在上面吃回报，不再努力工作了。于是有些人就怀疑股权激励的作用了，认为它不灵；还有人认为导致股权激励效果不佳的根本原因是股权激励操作方法不对头。那么股权激励究竟灵不灵，股权激励的操作方法能决定股权激励的成败吗？

为了回答这些问题，首先需要澄清一下成功的股权激励的标准是什么。"人才稳定、拼劲十足"是成功团队的根本标志，也是股权激励成功的标志！有人把实施股权激励后企业利润率提高作为股权激励有效性标准，这是不正确的。企业一切活动的最终目的都是追求利润最大化，股权激励也是以此为终极目标的，但它的直接目标应当是激励出一支能征惯战的优秀团队——魔力团队，对于综合待遇较差的中小企业，如果能达到这个标准更加难能可贵。所谓实施股权激励的“灵”和“操作方法对头”就指的是达到“人才稳定、拼劲十足”的状态。大量中外企业的成功实践都已经证明了股权激励的正向作用，本书不再赘述。股权激励操作方法对于不同的企业却有优劣之分，但即使用再拙笨的方法，只要是真正服务于“人才稳定、拼劲十足”的目标，至多会使股权激励的成果打折扣，但绝不会造成股权激励的失败。在现实中，很多老板在实施股权激励问题上犹豫不决或者不了了之，还有的仅象征性地给员工少量股权并且设置种种限制。这就不是方法问题了。实际上，认为股权激励不灵是企业主没有认识到中小企业成功实施股权激励的必要条件。只有符合必要条件的股权激励才能获得成功，而不符合必要条件的股权激励就不可能成功。这些必要条件就是中小企业成功实施股权激励的要诀，那么这些要诀到底是什么呢？答案就是：**业务要先进、员工有价值、老板有理想**。

一、业务要先进

业务要先进指的是企业经营的业务必须具有技术或商业模式、管理上优于同时代其他大多数企业的先进性。

华为是全球领先的信息与通信技术（ICT）解决方案供应商，截至2015年12月31日，华为累计共获得专利授权5.0377万件，累计申请中国专利52550件，累计申请外国专利3.0613万件。其中，90%以上专利为发明专利。截至2015年12月31日，华为加入了300多个标准组织/产业联盟/开源社区，担任超过280个重要职位，在IEEE-SA、ETSI、WFA、TMF、OpenStack、Linaro、OASIS和CCSA等组织担任董事会成员。2015年，提交提案超过5400篇，累计提交提案4.3万余篇。华为坚持每年将10%以上的销售收入投入研究与开发。2015年，从事研究与开发的人员约79000名，占公司总人数45%；研发费用支出为人民币5.9607亿元，占总收入的15.1%。近10年累计投入的研发费用超过人民币2400亿元。①

阿里巴巴在创业初期就以互联网做电子商务，和同时代绝大多数实体店铺企业在技术和商业模式上有显著的差别。另外，实行先进管理制度也应该被包括在业务先进性之内，如虽然业务与其他企业相同，但采用了新的利益分配方法后，调动了员工的积极性，使得劳动生产率大幅提升。我们熟知的海底捞餐饮公司所经营的火锅生意并没有什么特别之处，但它获得

① 华为官网，http://www.huawei.com/cn/about-huawei/research-development。

了中国饭店协会评出的“2015中国火锅十大品牌”第一名。[1]海底捞的竞争优势就源于其先进的企业人力资源管理体系。

为什么要强调业务的先进性呢？因为先进的业务代表了时代先进的生产力，先进的生产力是建立在人的智慧、知识基础之上的，对人才依赖性更强！落后的业务往往建立在低智力含量的高物质资源消耗基础之上。例如，中国的低端制造业，主要依靠低成本的劳动力、土地、能源和原材料，破坏生态环境、偷漏税、大量生产假冒伪劣产品。这种业态形式对物质资源的依赖远远超过对知识和智力的依赖，甚至连员工基本的劳动法权都不能保障，因此不可能适合搞股权激励。为什么美国硅谷盛行股权激励？因为硅谷的业态都是最先进的，包括信息技术、人工智能、大数据、生物医药、新材料、新能源等前沿行业。人才是创新的主体，人才对企业有巨大价值，企业才给人才相应的巨额回报。谷歌把互联网时代的优秀员工称为“创意精英”——他们具有多领域的能力，经常会将前沿技术、商业头脑以及奇思妙想结合在一起，他们便是互联网时代（企

① 《2015中国餐饮排行榜出炉：火锅第一名被海底捞夺得》，赢商网，http://sh.winshang.com，2015年5月16日，http://sz.winshang.com/news-479269.html。

业）取得成功的关键所在。[1]

有必要补充说明，传统行业企业的业务完全可以创新再造，如青岛红领集团依靠“互联网+服装定制”成功实现了传统服装制造业的转型升级，不能说传统行业企业就没有创新空间。我国传统行业企业的再造为实施股权激励提供了巨大空间。

二、员工有价值

股权激励的对象有很多种类，但最多、最重要的还是企业员工。我们都知道**等价交换**是市场经济的基本规则。为什么同一家企业，老板会给某位员工很多股权，却会辞退另一名员工呢？老板绝对不会无缘无故这么做的，根据等价交换规则，老板一定是给贡献大的人股权，将没有贡献的人辞退了。贡献大的人一定是有**人力资本**的人。人力资本指的是蕴含于人身上的知识、技能的总和，它看不见、摸不着，但确实是存在的无形资产。对于创新型企业而言，人力资本所起到的作用比物质资本重要得多。例如，1997年乔布斯返回苹果时，苹果公司因缺乏创新能力而变得奄奄一息，市值仅存30亿美元，即使

① ［美］埃里克·施密特、乔纳森·罗森伯格、艾伦·伊格尔著，靳婷婷译，《重新定义公司：谷歌是如何运营的》，中信出版社，2015年9月第1版，第XXXV页。

这时给它100亿美元也没有多大用。乔布斯的回归让苹果起死回生。2011年8月，乔布斯卸任CEO时，公司市值3470亿美元，增长了115倍。在乔布斯逝世后，苹果公司没有什么重大创新，基本上啃乔布斯的老本，但苹果却成为全球第一赚钱公司和最大市值公司。2016年12月30日，苹果的市值为6170亿美元，2016财年净利润为457亿美元。试问：离了乔布斯会有这些价值吗？乔布斯又价值几何？乔布斯就是典型的人力资本拥有者，人力资本的价值被他给淋漓尽致地诠释了。

老板在经济领域绝不是慈善家，只有人才拥有高额的人力资本，老板才会给人才相应的巨额回报。所以员工要想拥有股权，绝不能寄望于老板的怜悯，只有坚持自我发展，不断提升个人的人力资本，这才是正确的道路。腾讯公司高级执行副总裁、微信事业群总裁张小龙在1997年还是一名“码农”，靠一己之力写了Foxmail。有人将这款邮件客户端列入“10大国产软件”。但电邮软件是免费的，当时连《人民日报》都为程序员张小龙的生计感到担忧，认为他“只是个悲剧人物”。后来腾讯收购了张小龙所在的公司，他在2010年向马化腾建议做微信，马化腾迅速采纳了这个建议。截至2016年年底，微信和WeChat合并月活跃用户数达到8.89亿户，而同期中国移动移动电话客户为8.49亿户。同时，微信企业号注册用户已超过2000万户。据汇丰银行（HSBC）发布的报告显示，腾讯公司旗下手机通信APP微信市场价值估计高达836亿美元（约合人民币5344亿元，截至2015年

11月），几乎是腾讯市值的一半。由此可见腾讯高市值的背后是微信在支撑着，腾讯的未来全靠微信。因为微信不仅是腾讯的移动互联网船票，还是令国内各大互联网公司颤抖的航空母舰。[①] 以张小龙的贡献，张小龙可算得上腾讯的乔布斯，腾讯当然要厚报于他。笔者很难核查到张小龙持有多少腾讯股份，但传闻马化腾年薪才3000万港元，而张小龙却领到了近3亿港元的工资。[②] 作为员工一定不要抱着怀才不遇、怨天尤人的思想，而是要积极地自我奋斗，实现自身的不断升值。

需要对老板提醒的是，要给员工股份，员工仅有人力资本还不行，还需要员工认同企业的价值观。只有价值观认同，员工才能稳定。对于中小企业而言，企业的价值观也就是老板的价值观。人都具有趋利避害的本性，但是人们对利害的理解并不一致，如有人认为助人为乐是好事，有人认为是坏事。这种对利害认知的分歧就是由于人们持有不同的价值观。价值观是指个人对客观事物（包括人、物、事）及对自己的行为结果的意义、作用、效果和重要性的总体评价，是对什么是好的、是应该的总看法，是推动并指引一个人采取决定和行动的原则、标准，是个性心理结构的核心因素之一。价值观是一种

① 《微信之父张小龙：微信估值5000亿 当年差点卖给雷军》，http://www.qianzhan.com/people/detail/268/151102-477b1266.html。

② 《马化腾年薪3000万元，而张小龙却年薪近3亿元？》，http://mt.sohu.com/20161213/n475791534.shtml。

基本信念，它带有判断的色彩，代表了一个人对于什么是好、什么是对，以及什么会令人喜爱的意见。[①] 例如，有人认为诚实正直是优秀品质，有人却认为是愚昧迂腐。价值观决定人的行为的属性，并且具有相对的稳定性和持久性，因此古人云："江山易改，本性难移。"员工与老板价值观一致，等于是思想一致，才会有两方的一致行动，才能相伴长行。如果双方价值观不一致，即使有过暂时的欢聚，但未来必将分裂。志同道合方能长远！

2015年12月18日晚，股权争斗进入白热化的万科举行"筑梦新年 与友同叙"的2015年万科媒体答谢会，万科总裁郁亮针对人们对他和王石之间合作关系的质疑致辞说，尽管我们在很多方面，如语言表达、做事习惯上有不同，但在重大问题面前从来都是一致的。郁亮强调的在重大问题面前他与王石从来都是一致的，正是他们价值观一致的表现。这次危机发生以来，郁亮始终和王石并肩作战，携手前行，更加证明了他们价值观的一致。一致的价值观是老板和员工同舟共济、共渡难关的坚实基础。企业经营的过程中，会面临很多挑战，如果老板和员工价值观不一致，选择就不一致，而且很难妥协，甚至会导致分裂。员工和老板决裂之后，员工甩手不干可能会侵害企业利益，老板培育继任者尚需时间精力。所以，每次分裂都会对企业造成

---

① 价值观-MBA智库百科，http://wiki.mbalib.com/wiki/%E4%BB%B7%E5%80%BC%E8%A7%82。

伤害。为了减少分裂的痛苦，老板就要准确测定员工的价值观，寻找认同自己核心价值观的员工。

需要强调的是，价值观是成体系的，可以分为核心价值观和一般价值观。价值观相同强调的是核心价值观相同，即是对重大事项的价值判断相同，并不是一般价值观相同。人们对人生价值的认识、对幸福的认识都属于核心价值观；人们之间的性格、日常爱好、生活习惯可能有很大差别，甚至是天壤之别，这些都属于一般价值观不同。郁亮说："他（王石）喜欢高山，我喜欢大海，大山雄伟，大海海纳百川；后来变了，他喜欢海，我喜欢山。王石比我更理想、更理性。我属于闷骚型的，对王石的表现能力，我自叹不如。"[①] 可见两人的兴趣爱好、性格特征有很大差异。但这些都不属于核心价值观范围，而属于一般价值观差异。一般价值观的差异并不能决定彼此合作的稳定性、持久性，核心价值观才是决定性因素。

检测出一个人的价值观不是一件容易的事，人心隔肚皮，里外不相觑。一般需要长期交往，多观察其言行才可断定，路遥知马力，日久见人心。股权激励本身也可以检测一个人的价值观。因为股权激励属于长期激励，员工需要承担较大风险，等待较长时间才会有回报。中小企业股权激励回报包括分红和股权升值，快则一年，慢则数年。

① 《郁亮：敌意收购都不会成功 和王石保持一致》，新浪乐居，2015年12月18日，http://finance.sina.com.cn/2015-12-18/doc-ifxmttme5778507.shtml。

在这样漫长的时间里，员工要消耗珍贵年华，承担生命投资风险，如果员工不认同企业的经营理念和目标，很难产生良好预期，也就不会坚守下去。尤其在进行股权激励制度设计时必须坚持薪酬体系整体协调原则：如果员工要股份，那么就要降低或维持低增幅工资、奖金，鱼与熊掌不可兼得。这一招对那些对老板和公司前景不看好、想混日子的员工是很有效的杀毒剂，他们大部分不会接受这种薪酬体系，总想高工资和高股份兼得，如果老板不答应，他们一定会离职的。这些不认同公司价值观的员工一定不会与企业共担长期风险的。因此，股权激励能迫使员工在是否与企业共担长期风险上做出选择。把价值观认同的人作为股权激励对象，继而发展成合伙人，这是成功实施股权激励的一大秘诀！老板切勿因员工有才而不顾价值观相异发展其为股权激励对象。蔡崇信是阿里巴巴创始“十八罗汉”之一，1999年他加入阿里巴巴时辞掉年薪70万美元的工作，接受了年薪6000元人民币的阿里巴巴工作岗位，而后一直合作到现在，成为仅次于马云的二号人物。如果蔡崇信不看好马云和阿里巴巴，绝不会毅然辞掉高薪工作的。

三、老板有理想

有的老板能够推行股权激励制度，有的老板不能，很多人把原因归结为老板有没有胸怀，说俗了就是在利益上大方或小气的问题。这是不对的，前文已述，在经济领域大家遵循的是**等价交换**原则，也是

公平原则，说不上是慷慨或是吝啬。根本的原因还是老板有没有远大理想。对不同的老板而言有不同的理想，但对每一个老板而言，都应该是穷其一生而希望完成的大业。1985年，乔布斯对百事可乐的斯卡利说，你是愿意卖一辈子糖水，还是愿意和我一起改变世界？乔布斯毕其一生都在践行改变世界的理想。马云很早就提出了“让天下没有难做的生意”这一响亮的口号。2015财年阿里巴巴以超过人民币3万亿元的交易额超越了已有53年历史的全球零售巨头沃尔玛，这一切只用了13年。特斯拉和太空探索公司创始人埃隆·马斯克说：“努力提高全人类的智慧，为更高层次的集体文明而努力一生！”老板胸怀伟大的理想和追求利润最大化的目标不仅不冲突，而且是相一致的：伟大理想是利润最大化的手段，利润最大化是伟大理想的目的。此正所谓“做大事，挣大钱”。

理想决定胸怀也决定对利益的态度！伟大的事业自己一个人往往是很难实现的，也不是短期能够实现的，必须团结和激励他人长期共同努力才行。在这个过程中如果不能处理好利益关系，别人就不会和老板一起奋斗了。马云在阿里巴巴上市后仅持有7%的股份，而除他之外的整个管理层大约持有22%的股份。1999年，在“十八罗汉”创业时，每个人就都持有了股份，马云并不是100%持股或者绝对控股。大家都持有股权，才能心往一处想，力往一处使，拼搏到成功。对有理想的老板来说理想才是最高利益，为了最高利益可以付出一部分短期利益、局部利益。财聚人散、财散人聚！追求大事业，想挣大钱的老板，就能够与人分享利益，不为短期利益、局部利益所迷惑。现实中很多老板缺乏做大事业、挣大钱的理想，唯利是图、锱铢必较，热衷于短期利益挣快钱。例如，房地产热了，很多老板就把主业资金抽到房地产上，时间长了，房地产凉了，资金退不出来，主业也凉了、垮了。老板行为短期化，就不会把资源投在人才身上，因为“十年树木，百年树人”，靠人才出成果是一个漫长艰辛的过程。股权是老板最重要的经济资源，如果不是为了远大理想，谁又愿意把它分给别人呢？多年来笔者遇到很多老板，他们开始都怀有实施股权激励的巨大热情，但是真到动手操作时，发现股权激励会使自己既分钱又分权，自己要做很多的暂时牺牲，觉得心疼了，就做不下去了。这绝对不是什么股权激励操作方法问题，而是老板没有崇高理想的思想问题。

对员工实施股权激励是富于理想的老板的明智选择，其明智之处在于遵循**等价交换**原则，也并不是什么牺牲、恩赐、奖赏，因为员工有人力资本，才能得股权，老板只是遵循了这个规则。只是没有远大理想的老板很难遵守这个规则而已，因为他会把眼睛始终盯在眼前利益上，甚至会利用自己的优势压榨别人的应得利益。这样的老板不可能团结到大批有识之士与之共同奋斗，也就干不成大事，挣不到大钱。

老板给员工实施股权激励，表面上看要付出一些利益，实际上他在利益上并不会受损，反而得到更多。马云给员工分了很多股权，自己在阿里巴巴2014年上市后仅持有7%的股份，但主要靠这些股份他就能成为当年亚洲首富。其原因就在于阿里巴巴成功了，市值蛋糕做大了。我们可以想一想，有多少老板手握自己企业50%以上的股份，甚至是100%，但这些股份又价值几何？因此实施股权激励的结果，是老板和员工共赢，但最大的赢家还是老板！实施股权激励后，老板的收获有这些：

利大无比。从阿里巴巴的案例可以看出，靠股权激励把企业做大了，马云仅拥有7%的股份就可当亚洲首富了。

名冠天下。企业做大了，老板也可以扬名四方，个人品牌急剧扩张。2014年12月7日晚，在北京一场浙商慈善拍卖会上，马云的一幅墨宝“话禅”，经过数轮激烈竞价，最终以468万元成交。[①]

身体健康。因为实施了股权激励之后，员工成了企业的主人，人人工作积极，老板不用太操劳了，可以有些时间休息或从事体育锻炼，身体自然会健康了。

心情愉快。在未实施股权激励之前，老板和员工之间是雇佣关系，双方利益有很大的对立成分，彼此难免存在防范之心，老板的神经总是紧绷着，心情怎么能是愉快的？实施股权激励之后，老板和员工变成了合伙人，利益高度一致，同呼吸、共命运，心情怎能不舒畅？

① 《马云墨宝“话禅”拍出468万元高价》，2014-12-09，http://news.sohu.com/20141209/n406784078.shtml。

感情收获多多。未实施股权激励的企业，员工和老板之间很难有真情，社会对老板也很难同情。实施股权激励之后，员工和老板利益高度一致，员工会对老板产生好感，社会对老板会给予更多正向评价和理解。

尽管实施股权激励是明智之选，对老板好处多多，但是作为企业股权和控制权的占有人，在落实股权激励时需要巨大的勇气，有勇气才能自我突破，真正能够把股权分配给员工。很多老板一味寻求有关股权激励方法的灵丹妙药，比来比去，总觉得不够好。其实，固然股权激励方法有好坏高低之分，也确实会影响到实施效果，但是，敢不敢往外分才是最重要的。分得不好可以调，不分就永远不知道好坏。因此对于中小企业老板实施股权激励而言，勇气比方法更重要！勇气+方法=成功。

对员工而言，股权激励是长期激励，利益大但风险高，既可能荣华富贵、功成名就，也可能一无所获、穷困潦倒！因此，员工必须会判断老板，做好人生的风险投资家。只有和有前途的老板在一起奋斗，才会获得股权并实现股权的巨大升值，否则就可能一无所获。除了前面提到的志向、能力，还要看老板是否诚信。蔡崇信和马云在一起，不仅在提升着自己的人力资本，而且不断获得股权变现着人力资本，倘若跟了别人，也许就不会有这个结果了。

中小企业成功实施股权激励的三要件，即业务要先进、员工有价值、老板有理想，只有同时具备这三个条件的股权激励才会成功，缺一不可！明确股权激励三要件对于中小企业成功实施股权激励具有重要意义。首先，它们是判断企业是否具备成功实施股权激励条件的标准；其次，它们也决定着企业实施股权激励的效果。

明确中小企业成功实施股权激励的三要件可以有效避免“不灵论”。不是股权激励不灵，而是不符合三要件的股权激励不灵。明确三要件还可以有效避免“唯方法论”错误倾向。很多老板把实施股权激励失败的原因归责于方法不正确或者不优秀，甚至归结为咨询师不专业、没水平，而不是从这三要件找原因，这种思维方式是错误的。可以明确地说：如果不符合三要件的要求，任何方法或方案都不可能使股权激励获得成功；而成功的股权激励必然需要具备这三要件，即使操作方法蹩脚一些，其实施效果也会不差！中小企业的老板和员工，一定要考察自己的企业是否具备成功实施股权激励的三要件，然后再考虑具体的操作技巧，这样做一定会取得良好效果；如果不具备三要件而单纯从操作技巧上推行股权激励，其结果一定是失败的。

设计股权激励方案为什么要从定人开始?

现在市场上大部分股权激励服务机构和人员在股权激励培训、咨询服务上总是从定股（确定股权激励工具和股权激励方式）出发来设计股权激励方案。例如，用股票期权有什么优点和缺点？用现股有什么优点和缺点？用虚拟股权有什么好处？此类说法不绝于耳。甚至还有个别人是从股权激励定量开始设计股权激励方案的，他认为给多少股权是一个决定性的要素，给得多激励对象就高兴，给得少激励对象就不满意。

从定股开始设计股权激励方案迎合了人们的惯常思维——设计股权激励方案当然是从设计股权激励工具开始下手。单纯从设计好股权激励工具或者股权激励定量的角度看，这种思维方式是有道理的，但是从设计好股权激励整体方案满足人才要求的大局来看，这种设计思路存在着重大缺陷。千万不要忘了，股权激励仅仅是管理人的一项工具，管理工具必须符合管理对象——人的需要，要以履适足而不是要求管理对象削足适履去服从管理工具的要求。股权激励的出现，就是因为适应了企业越来越依赖人才的现实需求。在奴隶制社会，生产力极其低下，主要依靠奴隶的体力劳动，奴隶是会说话的工具，连人都不算，吃不饱、穿不暖，谁会给他们股权激励？现在是互联网时代，人才决定着企业的兴衰，单给工资、奖金、赔笑脸不行了，必须用股权激励这一工具了。**管理工具要跟随人才管理的需求走！**这是大家想想就能明白的道理。

市场上流行着一种“一股就灵”的说法，说的是如果一家企业的员工状态不好，那么只要针对现有的员工实施股权激励，那么员工的状态马上就会改变，业绩也会大幅度提升。这是一厢情愿的主观空想！员工状态不好，就是企业管理出了问题。首先就要问，这些员工符合企业的发展要求吗？在招聘和使用上是不是存在什么疏漏？笔者曾经在一家很著名的民营企业工作过，这家公司的老板在招聘员工上非常草率，只要是名企出身，也不做细致考查，马上委以重任。这些人很少有真才实学，有些人很可能是被原单位淘汰下来的。他们来了之后，当着高管，拿着高工资，什么业绩也做不出来。且问，对这样的员工实施股权激励有用吗？和肉包子打狗有什么区别？事后想来，我所在的这家企业从招聘员工这一步就做错了，不加详查招聘了问题员工。对错误的员工不管用什么样的股权工具，给他们多少股权也没有用，而且副作用可能更大。**因此，股权激励是一项管理工具，必须符合人才管理的需求**。**企业管理的第一规则就是要对符合企业发展需要的员工给予激励**。什么样的人符合企业发展的需要，不同的企业，在不同的发展阶段都会有具体的需求。对人才一般的要求应当是认同企业发展理念并具有创造优秀业绩的工作能力。企业管理的首要任务就是分辨出这些人，然后才是选择激励工具激励他们。在这个前提下，股权激励才能登场。

股权激励是一项新型的激励工具。在互联网时代，传统人力资源的激励工具已经不够用了。传统人力资源管理的对象主要是普通员工，采取工资、奖金等短期激励模式。互联网时代，企业中出现了富有人力资本的人才，谷歌把这种人才称为创意精英（Smart Create），他们一个人往往能创造出相当于普通员工成百上千甚至上万倍的业绩！为了满足激励创意精英的需要，股权激励便应运而生。既然股权激励是为了激励创意精英，那么人才是否买账呢？这就要了解人才的意愿，根据他们的需求来设计股权激励。如果不考虑人才的具体需求，仅是老板按照自己的想法给人才安排股权激励，很可能不对路，双方不欢而散。如果员工不满意，那么无论多么精妙的股权激励设计也是徒然。

股权激励是一项管理人才的工具，管理工具要为人才服务，人才的需求决定着管理工具，因此股权激励必须从定人开始。

股权激励怎么做？员工分类就是路线图

对员工正确分类是成功实施股权激励的依据！

企业内部股权激励从员工分类开始。任何企业的员工都不是铁板一块，而是多种类型的集合体。把这些员工准确地区分归类就可以为股权激励指明方向。

享有“世界第一经理人”之称的通用电气前CEO杰克·韦尔奇就对员工分类管理颇有心得，认为这是建立一个伟大组织的全部秘密！他根据自己对员工的分类创造了活力曲线图，如图2-1：

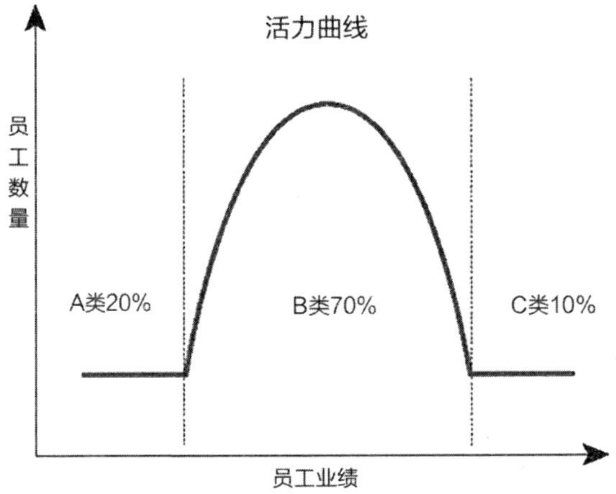

图2-1　杰克·韦尔奇活力曲线

利用这张正态分布图，你将很容易区分出业绩排在前面的20%的员工（A类）、中间的70%的员工（B类）和业绩排在后面的10%的员工（C类）。

A类是激情满怀、勇于任事、思想开阔、富有远见的一批员工，他们不仅自身充满活力，而且有能力带动他们周围的人。他们能提高企业的生产效率，同时还使企业经营充满情趣。[①]

B类员工不拥有A类员工的激情，是公司的主体，也是业务经营成功的关键。通用电气公司投入大量精力提高B类员工的水平，部门经

① [美]杰克·韦尔奇、约翰·拜恩著，曹彦博、孙立明、丁浩译，《杰克·韦尔奇自传》，中信出版社，2001年10月，第148页。

理的主要工作之一就是帮助B类员工成为A类员工，而不仅仅是任劳任怨地实现自己的能量和价值，这就是绩效管理的魅力。[①]

C类员工是不能胜任自己工作的人，他们更多的是打击别人，而不是激励；是使目标落空，而不是使目标实现。作为管理者，不能在C类员工身上浪费时间，而是要把他们安置到其他地方去。[②]

活力曲线需要奖励制度来支持：提高工资、股票期权以及职务晋升。A类员工将得到B类员工2~3倍的薪资奖酬和大量股票期权。对B类员工，每年也要确认他们的贡献，并提高工资，其中60%~70%的人可以得到股票期权。而C类员工什么奖励也得不到，甚至有遭到淘汰的危机。每一次在我们决定增加工资、分发股票期权或者提升职衔的时候，活力曲线都是通用电气公司的行动指南。每一个人所得奖励的基本依据就是自己在这条曲线上的位置。[③] 活力曲线是年复一年、不断进行的动态机制，以确保企业向前迈进的动能。

活力曲线对通用电气公司克服官僚主义、提高效率发挥了积极作用。但是，这种制度对新经济企业不完全适用。因为新经济企业招收的都是高智力员工，业务创新与发展也更依靠团队的集体奋斗，如果一味地坚持末位淘汰制，团队内部的员工就会陷入恐惧之中，互相恶

① [美]杰克·韦尔奇、约翰·拜恩著，曹彦博、孙立明、丁浩译，《杰克·韦尔奇自传》，中信出版社，2001年10月，第149页。

② 同上，第149页。

③ 同上，第150页。

性竞争。这种情况既浪费人力资源，又达不到提高业绩的目的。“活力曲线”的目标是优化人力资源的结构，推动员工业绩与素质的提升。当目标已经达到的时候，“活力曲线”的应用就应该停止。无止境推行，就是演变成一种形式主义，只会产生南辕北辙的副作用。

新经济的代表者、著名的互联网公司谷歌在薪酬管理上也遵循着员工分类管理的原则。

谷歌公司认为员工贡献呈幂律分布状态，也可以分为三类，即最优秀的员工仅占极小比例（甚至低于1%）但能创造出主要的业绩，表现一般的员工占绝大多数但仅能贡献出次要业绩，表现很差的底部员工也仅占很小一部分。一名顶尖高技术员工的贡献往往比一名普通员工多上百倍甚至成千上万倍。但“多数组织都低估了最优秀的员工，给他们的奖励也有所不足，甚至还不自知”，如图2-2。①

① [美]拉斯洛·博克著，宋伟译，《重新定义团队：谷歌如何工作》，第166页，中信出版社，2016.1。

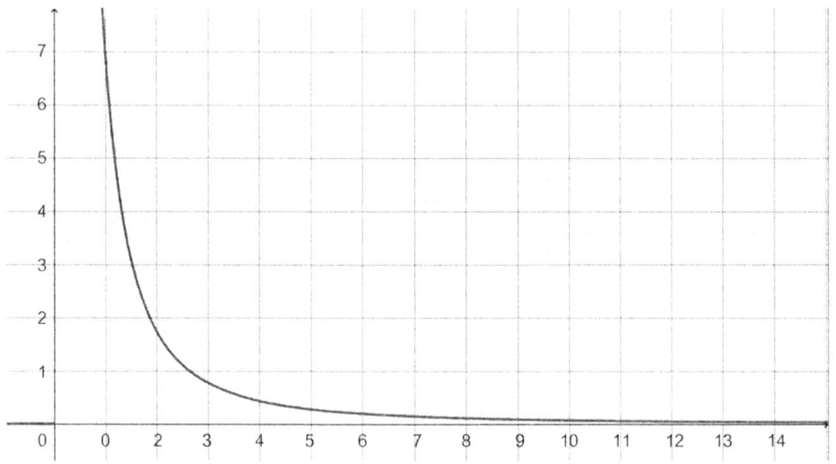

图2-2　员工幂律分布

根据员工幂律分布，谷歌提出要格外关注绩效表现曲线最两端员工。对于底端的5%要帮助他们改进提升，如果实在无可救药，就只有解雇了。对于顶端的1%~3%要格外关照，充分发挥其作用。根据对员工的分类，谷歌对员工提供“不公平的薪酬”。一名顶端员工的收入可以是底端员工的成百上千倍。谷歌打破了本位主义，即使是两名相同岗位的员工也可以得到差距很大的报酬，不止于此，低级岗位的员工也可以拿到比高级岗位员工更多的薪酬。

股权激励是当代企业最重要的分配制度！做内部股权激励首要的任务就是对员工进行分类。这里有必要强调，股权激励并不是仅仅激励某一个或某几个具体的人，而是激励某一类或某几类人。只有这样，股权激励才能成为企业的一项长期稳定的制度，才能对人才实现全覆盖可持续。如果仅仅激励某一个人或某几个人，那么后面成长起来的老人怎么办？新来的人怎么办？如果是激励某类人或某几类人，只要后面成长起来的老人或者新来的人符合其中某类人的标准，就可以获得股权。

对员工分类建立在对员工全面分析的基础上。笔者总结了一些企业在员工分类上的先进经验，根据核心价值观认同度和人力资本数量两个维度相统一的原则对员工进行了更为全面、正确的分类，并推荐以下分析工具，如图2-3。

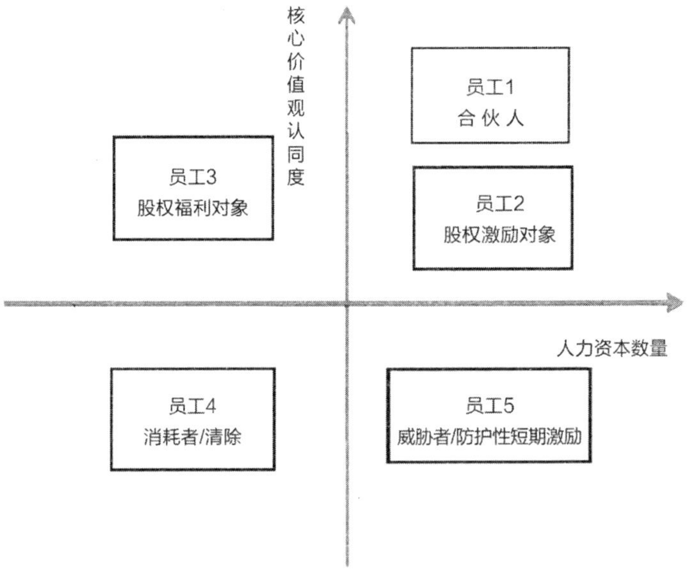

图2-3　企业员工分类

价值观是指个人对客观事物（包括人、物、事）及对自己的行为结果的意义、作用、效果和重要性的总体评价，是对什么是好的、是应该的总看法，是推动并指引一个人采取决定和行动的原则、标准，是个性心理结构的核心因素之一。价值观是一种基本信念，它带有判断的色彩，代表了一个人对于什么是好、什么是对以及什么会令人喜爱的意见。

价值观是成体系的，可以分为核心价值观和一般价值观。价值观相同强调的是核心价值观相同，即是对重大事项的价值判断相同，并不是一般价值观相同。人们对人生价值的认识、对幸福的认识都属于核心价值观；人们之间的性格、日常爱好、生活习惯可能有很大差别，甚至是天壤之别，这些都属于一般价值观不同。

根据核心价值观认同度和人力资本数量的组合，可以把企业员工分成五大类。

1.合伙人

“员工1”同时具备核心价值观与老板完全吻合、人力资本数量爆棚这两个条件。这样的员工和老板已经是志同道合的同志了，因此这类员工就是合伙人。合伙人是老板一生难得的知己，不仅要给予股权，而且与合伙人要建立共有、共创、共治、共担、共享的深度合作关系。

2.股权激励对象

“员工2”具备这样的条件，一方面拥有较多的人力资本，另一方面拥有较高的核心价值观认同度，但是在核心价值观认同度上比照合伙人还要低很多。这类员工就是股权激励对象。**股权激励对象和老板之间的关系处于由雇佣关系向合伙人关系转变的过渡状态，对这种状态下的关系可以命名为准合伙人关系**。激励对象不是创业者的合伙人，不可能有完全一致的长远目标，仅有阶段性共同目标。但这种阶段性的一致对于企业已有了极高的价值。“薪金百两是外人，身股一厘自己人。”这句话就通俗地说明了股权激励对象的性质和价值。外人就是不可以信任和重用的人，自己人就是可信可靠，可以委以重任的人。自己人比之外人的重要性无以言表。尽管自己人也还不是志同道合、心心相印的同志，但也是难得的知己了，双方能够在较长时间紧密合作。股权激励对象对于老板的**重要性不在于能走到底，而在于能共同走好一段路**。

3.股权福利对象

“员工3”具备的条件是：人力资本数额很低，但核心价值观认同度很高。存在时间久一些的企业，一般都沉淀了一批这样的员工，俗称“老员工”。这些员工和老板之间是一种追随关系，员工非常信任、依赖老板，老板也很信任这些员工。因此双方的关系具有长期性、稳定性，但是双方之间的关系仍是雇佣关系，双方的地位和权利义务仍然是不平等的。由于这类员工创新能力较弱，业绩平平，缺乏强力激励的理由，但他们对于一个企业的稳定有很大价值，有价值但不重要！因此对这类人可以适当安慰，可以把他们作为福利发放对象，把一部分股权或其权益像发放其他福利一样发给这些员工。

4.消耗者

“员工4”具备的条件是：人力资本数额很低，而且核心价值观认同度也很低。这种人既做不出什么像样的业绩，也办不出什么罪大恶极的坏事。但总的来说，对企业是负资产，如果发现了就应清除掉。对这些员工当然不可能给予股权了。

5.威胁者

“员工5”具备的条件是：人力资本数额很高，但核心价值观与企业相悖。这种人就是危险品，往往成事不足败事有余。大企业一般会发现后立即清除，小企业由于很难招到人才，要限制使用，对这种人可以给予短期激励，不要给予股权。因为这种人一旦成为股东，如果他滥用股东权利，企业将面临巨大的灾难。

京东集团创始人刘强东对这五类人有一个形象的比喻：符合合伙人标准的是金子，给予顶级重用；符合股权激励对象标准的是钢，要重用；符合股权福利对象标准的是铁，好好利用；符合消耗者标准的是废铁，限制使用；符合威胁者标准的是铁锈，发现后立即清除。

世间也有这样的说法：有才有德是极品，有德无才是庸品，无德无才是废品，有才无德是危险品。相信老板们如能深刻领会此句话，再做股权激励就会游刃有余了。

股权激励对象和老板之间是什么关系?

有人说股权激励对象和老板之间是合伙关系，也有人说股权激励对象和老板之间仍然是雇佣关系，那么股权激励对象和老板之间到底是一种什么关系呢？

首先，**老板和激励对象之间已不是雇佣关系**。雇佣关系指的是企业出钱员工干活这种交易关系。在这种关系下，企业和员工都是为了自己的短期利益来考量一切。员工绝不会关心企业的长远发展，更不会去承担工资以外的风险。作为股权激励对象，虽然仍会和企业签订劳动合同，但手里持有公司的股份。我们会看到很多企业的核心成员拥有企业的股权，甚至拥有很大比例的股权，这些员工身家百万、千万甚至上亿元，深度参与企业的经营决策。公司的长远发展与股权激励对象的利益息息相关，他们当然很关心企业的长远发展并愿意承担很高的风险，这种状态往往是只有公司的股东才具有的。这种主人翁姿态会让老板觉得激励对象比一般员工更可靠、更有能力。

其次，**老板和激励对象之间也不是合伙关系**。真正的合伙关系基于合伙人之间核心价值观的完全一致或者说完全吻合，合伙人因志同道合而成为思想共同体。核心价值观的一致就是根本利益的一致！因此，合伙人在根本利益上也是完全一致的。阿里巴巴的合伙人制就是典型的合伙关系。股权激励对象认同老板的核心价值观或者说是高度一致，但还不能达到完全一致。例如，谷歌公司早期的行政总厨查理很认可谷歌创始人拉里和谢尔盖“以改变世界为自己最高使命”的核心价值观，但他没有这样的价值观。查理是股权激励对象，当谷歌上市后，查理手中的股票价值2600万美元，查理觉得自己在谷歌干累了，需要休息了，需要过让自己舒服的日子，于是辞职离开了谷歌。拉里和谢尔盖早就功成名就了，个人财富是查理的许多倍，但是他们把改变世界作为自己的核心价值观，所以仍然在奋斗，而不会去“享受生活”。显然，查理和谷歌的两个创始人在核心价值观上是有巨大差异的，绝对不能说查理是这两个创始人的合伙人。

股权激励对象和老板之间既不是雇佣关系又不是合伙关系，那么他们之间是什么关系呢？**因为股权激励对象和老板之间的关系处于由**

雇佣关系向合伙人关系转变的过渡状态，对这种状态下的关系可以命名为准合伙关系。股权激励对象与创业者之间在核心价值观上虽不完全重合，但有了很多的交集，这是这种关系的根本特征。核心价值观代表着一个人的根本利益趋向，既然激励对象与创业者在核心价值观上不能完全重合，就说明在根本利益上这两者也不完全重合，因此当出现激励对象可以谋求根本利益的机会时，激励对象就会和创业者说再见了。例如，查理在谷歌上市后，手持2600万美元，具备了追求个人根本利益——过自己的幸福生活的条件了，他就要离开谷歌实现自己的最大利益去了。

总而言之，激励对象不是创业者的合伙人，不可能有完全一致的长远目标，仅有阶段性共同目标。但这种阶段性的一致对于企业已有了极高的价值！尽管“自己人”也还不是志同道合、心心相印的同志，但也是难得的伙伴了，双方能够在较长时间紧密合作。**股权激励对象对于老板的重要性不在于能走到底，而在于能共同走好一段路**。

明确老板和股权激励对象之间的关系的价值在于妥当处理好相互间的关系。既然股权激励对象和老板之间是准合伙关系，因此，老板既不能把激励对象当成一般员工而不敢委以重任，也不能把激励对象当成合伙人而全盘托付。老板对激励对象应当是保有余地地重用。准合伙关系决定了股权激励是阶段性利益捆绑，合作不会永久。老板一定要做好人才储备，保障在股权激励对象离职后立即就有合格的人顶上去，不要像谷歌那样，在查理走后手忙脚乱地找接班人。同样，作为股权激励对象既不能把自己当成普通员工，怀着“当一天和尚撞一天钟”的心态对待工作，也不可以把自己当成老板的合伙人，与老板平起平坐，然后耿耿于得不如愿。股权激励不能根本改变企业的治理结构，老板仍然是至高无上的王，一切重大问题都由其个人专断，股权激励对象依然要完全听命于老板。

实股激励种类多，分清区别才好用

当人们一谈到股权激励时，总要碰到实股，其实这种说法不是严格的法律定义，仅仅是民间的一种俗称。也许正因为此，所以“实股”的分类十分混乱，这对于做好股权激励有很大的负面影响。

一、实股激励的定义

以实股对他人进行的激励就是实股激励。实股全称实际股份或实际股权，它指的是对企业剩余财产享有分配权的股份。有的实股包含全部的股东权利，也有的仅包含部分权利。例如，限制性股份，往往就被限制了转让权、质押权、继承权、表决权。优先股就属于一类限制性股份，被限制了表决权。

是不是实股由什么标准决定？大家有很多观点，如以是否具有表决权为标准。但优先股就没有表决权，可它也是实股啊！我们认为应当以享有企业剩余财产分配权为标准。企业的剩余财产是总资产减去总负债的余额，在会计上叫作所有者权益，其意思就是所有者的财产。作为一份股份可以失去其他一切股东权利，只要拥有剩余财产所有权，它仍然是实实在在的股份；如果它不具有剩余财产分配权，就根本算不上实股。优先股虽然没有表决权，但它拥有剩余财产分配权（一般还是优先分配权），因此优先股仍是硬邦邦的实股。从优先股也可以看出投票权并不是实股的根本标志。收益权、知情权、转让权等其他股东权利更不是实股的根本标志。

二、实股激励的分类

根据实股所包含的股东权利是否全面，可以分为标准实股激励和非标准实股激励。

1.标准实股激励

标准实股激励指的是以包含全部股东权利的实股所进行的股权激励。例如，一般在工商局登记注册的股权或者在证券登记结算公司登记的股份。

标准实股案例

北京梁山武功科技有限公司于2011年8月成立，从事武术教学软件的研发、生产和销售业务。公司总注册资本1000万元。宋江持有700万元的出资，柴进持有280万元的出资，花荣持有20万元的出资。除法律规定的限制事项以外，该公司三位股东所持股权没有任何其他限制事项。

2.非标准实股激励

非标准实股激励是指以缺少部分股东权利的实股实施的股权激励。这里要说明，缺少的部分股东权利不能包含企业剩余财产分配权，如果缺少了这项权利就不是实股了。常见的非标准实股有分红权受限股。例如，公司股东张鹏持有凤凰有限公司100万元股权，已约定该笔股权30%的分红权在5年内转给公司的其他员工。更常见的则是限制性股权。例如，王芳以每1元注册资本1元人民币的价格向梅花公司增资10万元，公司与王芳约定自出资之日起3年内不得转让该股权。

三、拥有实股是否就拥有股东资格?

实股激励是激励对象拥有企业股东资格的证明，说俗了就是获得实股的激励对象已经是真实股东了。

需要注意的是，我国《公司法》第三十二条规定：“有限责任公司应当置备股东名册，记载下列事项：

（1）股东的姓名或者名称及住所；

（2）股东的出资额；

（3）出资证明书编号。

记载于股东名册的股东，可以依股东名册主张行使股东权利。

公司应当将股东的姓名或者名称向公司登记机关登记；登记事项发生变更的，应当办理变更登记。未经登记或者变更登记的，不得对抗第三人。”

从上述法条的规定可以看出，股东资格认定采取公司登记簿登记制，并不是以工商局股东注册登记为确认标准。因此，即使没有去办理工商注册登记也不意味着激励对象就不是真实股东。但为了防止以后发生纠纷，最好及时去工商局进行股东登记。

另外还要注意，中国绝大多数中小公司都不会设立股东名册，那么这是否就说明没有记载在股东名册上的股权激励对象就不是股东了？显然不是这样的。因为公司基本都把控在大股东手里，如果他要想变卦，只要不把股权激励对象记载于股东名册就剥夺了他人的股东资格，这显然是荒唐的。股权激励对象即使没有进行工商登记、没有记载于公司章程和股东名册，也可以通过股权激励协议、出资证明书、股东会决议等证据材料来证实股东身份。为了以后避免麻烦，股权激励对象应尽量要求公司办好以下法律手续：

（1）签订股权激励协议；

（2）由公司出具出资证明书；

（3）将自己的姓名和出资数额记载于公司章程；

（4）将自己的姓名和出资数额记载于公司股东名册；

（5）将自己的姓名和出资数额在工商局登记注册。

四、实股激励的优、缺点

1.实股的优点

拥有实股就意味着成为企业的主人，股权激励对象将享有广泛的股东权利，除了经济权利还将享有很多管理权利。例如，知情权、质询权、提案权、表决权。因此实股激励对员工的激励性很大，是让员工最有获得感的股权激励工具。

2.实股的缺点

正是由于实股具有很多股东权利，激励对象拥有实股就成为企业的主人，就要行使股东权利，如果激励对象与老板核心价值观不一致，就会在一些具体事情上产生分歧进而发展到纠纷。股东闹纠纷，不像员工可以辞退，说让走就能走。《公司法》没有退股一说，只有股权转让。如果股权激励对象就不转，老板也没办法。当然，可以提前约定好退出机制，倘若真发生了该退出的情形了，股权激励对象要赖不退，老板只有去法院提起诉讼。但诉讼包括一审、二审、再审、执行，是一个漫长的过程，还包含了败诉风险，因此诉讼成本高、风险大，不是一个好选项。所以，企业给出实股后，所冒的风险也很大。

五、实股针对的对象

实股适合给经过长期考验的老员工，因为只有经过长期考验才能认清一个人的核心价值观和人力资本，对于核心价值观一致和人力资本突出的人才可以给予实股。对于新员工和“空降兵”要慎用实股。因为企业还不了解这些员工的人力资本和价值观，虽然在招聘的时候有所了解，但真要了解一个人还要在实际工作中长期考查。假设新员工一来就给实股，当讨论企业的重大事项时他就有实际参与权，如果老板和新员工价值观不一致，大家就会陷入争论甚至演化为争斗。一旦发生这种不愉快的事情，企业很受伤。很多老板没经验，都在这上面栽了跟头。这不是实股惹的祸，而是识人不准、激励不当惹的祸。

股权激励制度和股权激励方案一样吗?

我们经常能听到“股权激励方案”“股权激励计划”“股权激励制度”这些名词，它们是一回事吗？它们不完全相同。股权激励方案和股权激励计划完全相同，股权激励方案和股权激励制度完全不同。设计股权激励包括设计股权激励制度和设计股权激励方案。

股权激励制度指的是在企业最高权力机构（一般就是股东会）制定的关于在本企业实施股权激励有关重大问题的原则性规定。股权激励制度一般包括实施股权激励的条件、决策和实施机构、决策和实施的程序，确定股权激励的对象、工具、方式、价格、数量、时点、绩效考核的基本原则等等。股权激励制度具有高度的抽象性、概括性、原则性、稳定性，是公司实施股权激励的根本大法。股权激励制度可以最大化避免企业主在股权激励问题上的随意性和盲目性，给员工以明确的预期。

股权激励管理制度参考范本

北京钻石教育科技有限公司股权激励管理制度

第一章　总则

第一条　为了对公司高管人员和业务技术骨干进行有效的激励与约束，使他们的利益与公司的长远发展更紧密地结合，做到风险共担、利益共享，充分调动他们的积极性和创造性，构建优秀的团队，实现公司的可持续发展，根据《公司法》《证券法》等国家法律、法规和《公司章程》的规定，北京钻石教育科技有限公司（以下简称公司）特制定《北京钻石教育科技有限公司股权激励管理制度》（以下简称《管理制度》）。本《管理制度》是公司的一项基本管理制度。

第二条 本《管理制度》是公司董事会实施阶段股权激励计划（股权激励方案）的依据，也是公司股权激励工作小组行使职权的依据，还是公司监事会实施监督的依据。

第三条 本《管理制度》遵循公平、公开、公正的原则和激励与约束相结合的原则。

第四条 公司实施积极的员工股权激励政策，积极推动员工股权激励，主要根据员工对公司的贡献进行激励股权的分配，不得压制、阻碍开展股权激励。

第五条　本《管理制度》长期有效，除非股东会决议终止继续实施本《管理制度》。制订和实施阶段股权激励计划以及进行其他具体股权激励行为必须遵守本《管理制度》的规定，如与其发生冲突，与其相冲突的行为或文件无效。

第六条　股权激励相关工作人员及股权激励对象必须保守所获悉的相关秘密。

第七条　本《管理制度》须经全体股东所持表决权的三分之二以上同意方可通过。

第二章　股权激励的管理机构

第八条　公司股东会是公司股权激励制度的最高决策机构，负责以下事项：

（1）批准本《管理制度》及其变更、终止；

（2）批准公司《阶段股权激励计划》及其变更、终止。

第九条　公司董事会负责公司股权激励事项的决策和管理，具体包括以下事项：

（1）审核《管理制度》草案，并报股东会批准；

（2）审核公司《阶段股权激励计划》草案，并报股东会批准；

（3）对《管理制度》进行解释；

（4）对公司《阶段股权激励计划》进行解释；

（5）任命和撤换股权激励工作小组成员；

（6）领导、组织股权激励工作小组开展工作，依据《管理制度》的规定审核该小组的决议。

第十条　股权激励工作小组是在公司董事会的领导下，负责公司股权激励工作的非常设管理机构。

其组成人员由董事会从下列人员中任命：公司股东、董事、监事、经理、副经理、董事会秘书、财务人员、人力资源人员、外部专家顾问；董事长指定其中一人为组长。

股权激励小组负责以下事项：

（1）起草《管理制度》并提交董事会审核；

（2）根据《管理制度》、公司绩效考核办法考核激励对象绩效指标完成情况，拟订、修改《阶段股权激励计划》，并报董事会批准；

（3）实施《阶段股权激励计划》；

（4）负责实施《管理制度》的日常管理工作；

（5）实施股权激励计划过程中，就股权激励计划的内容与执行涉及的问题报请董事会对股权激励计划进行解释；

（6）向董事会和监事会报告执行股权激励制度的工作情况。

第十一条　公司应当为股权激励小组提供办公场所等必要的办公条件。公司各部门、各类人员都应当支持股权激励小组及其人员的工作，为其提供工作便利。

第十二条　公司监事会有权依照《公司法》《证券法》《公司章程》及本《管理制度》监督董事会、股权激励工作小组在制定执行股权激励制度中的一切行为。如发现有违法违规行为，监事会有权制止，或者提议召开临时董事会会议、股东会会议并可要求采取制裁措施。

第三章　激励性股权分配规则

第一节　激励对象的确定

第十三条　激励对象是指满足本《管理制度》要求的条件可以获授本公司激励性股权的公司员工。激励对象范围包括：公司高级管理人员，经营管理骨干，技术、生产、销售骨干员工及董事会认为需要激励的其他员工。

公司高级管理人员是指：公司董事、监事、总经理、副总经理和各总监；经营管理骨干是指：本公司和子公司、分公司和职能管理部门正副职。

第十四条　激励对象的选择标准

（1）完全认同公司的经营管理理念和发展目标，并在日常工作中坚决贯彻执行；

（2）对公司忠诚度高；

（3）具有团队精神；

（4）业绩突出；

（5）在公司任职已满一年；

（6）自愿参加公司股权激励计划。

第十五条　以下人员不得成为激励对象

（1）在本公司任职未满一年；

（2）有严重违反本公司的规章制度的行为；

（3）有侵害公司利益的行为；

（4）有违反国家法律法规的行为；

（5）对公司经营管理理念缺乏认同；

（6）工作能力不足，工作业绩不突出；

（7）严重的自我中心主义或部门主义，缺乏团队精神；

（8）单独持有超过公司注册资本20%的股东。

第二节 股权激励的工具

第十六条 公司可以结合企业发展的实际情况，选择以下股权激励工具中的一种或几种。

（1）分红权赠予。本公司全部或部分股东将自己所持股权相对应的一部分分红权无偿赠予激励对象。

（2）股权赠予（业绩股权）。本公司全部或部分股东将自己所持股权的一部分向做出卓越贡献的激励对象无偿赠予。

（3）股权转让。本公司全部或部分股东将自己所持股权的一部分按照一定价格有偿转让给激励对象。

（4）按净资产增资。以某一时点公司每一元出资（每股）所对应的净资产值为价格标准，由激励对象向公司以自有资金增加资本。

（5）低溢价增资。以略高于某一时点公司每一元出资（每股）所对应的净资产值为价格标准，由激励对象向公司以自有资金增加资本。

（6）股份期股。本公司与激励对象约定，激励对象在一定的工作期间内以预先约定的价格分期支付对价，最终获得一定数量公司股份的所有权，且被激励方必须以预先约定的价格和条件受让股份。在激励对象支付全部对价前，其享有分红权，但没有表决权和转让权。

（7）股份期权。本公司授予激励对象在未来一定期限内以预先确定的价格和条件购买本公司一定数量股份的权利。激励对象可以其获授的股份期权在规定的期间内以预先确定的价格和条件购买本公司一定数量的股份，也可以放弃该种权利。

在本公司所实施的股份期权计划中，完成绩效定额是激励对象行权的前提条件。

（8）虚拟股份。本公司向激励对象赠予虚拟的股份，激励对象据此可以享有分红权、股份增值权，但不享有真实的股东权利。

第十七条　除本《管理制度》特别规定以外，激励对象所获激励性股权（实股）与公司其他股权具有同等权能。激励对象所获激励性股权（实股）的转让受到以下约束：自获授激励性股权（实股）之日起3年内不得对外转让全部或部分股权。获授激励性股权（实股）之日为激励对象与本公司签订《员工股权（实股）激励合同》之日或股份期股全部对价支付完毕之日或股份期权行权之日。

第三节　激励性股权数量分配依据

第十八条　激励对象获授激励性股权数量必须依据其绩效

进行分配。原则上激励对象获授的激励性股权数量要大，其获授股权的预期变现值不得低于其签订《股权激励合同》之日上一年个人薪酬总额的10倍。

第四节　激励性股权获授时间

第十九条　根据经营管理的实际需要，本公司可以定期或不定期实施阶段性股权激励计划。原则上每年实施一次股权激励计划。

第五节　激励性股权获授价格

第二十条　激励对象以有偿方式获授激励性股权，按照低工资低购股价、高工资高购股价的原则向员工出售激励性股权。

第四章　《阶段股权激励计划》的制订

第一节　《阶段股权激励计划》的提出

第二十一条　根据经营管理的实际需要，控股股东、2名以上董事、总经理可以提议公司实施阶段性股权激励计划。股权激励工作小组草拟并向董事会提交《阶段股权激励计划》。

第二十二条　股权激励工作小组根据本《管理制度》责成专人对激励对象进行定期考查，监督激励对象完成绩效考核指标的情况、实际履行《员工股权激励合同》的情况。根据考核的实际情况出具《员工股权激励年度绩效考核结果报告》《员工股权激励合同履行报告》。

第二十三条　股权激励工作小组根据激励对象年度绩效考核结果、激励对象履行股权激励合同的情况拟订《阶段股权激励计划》。

第二十四条　《阶段股权激励计划》的必备内容

（1）激励对象名单；

（2）股权激励的方式（包括股份来源）；

（3）阶段激励性股权总额、每名激励对象的分配数额；

（4）激励性股权的价格（包含认购资金来源）；

（5）激励性股权授予或激励对象认购时间；

（6）与股权激励相关的约束机制；

（7）实施阶段股权激励后公司的股权结构。

第二节　《阶段股权激励计划》的生效

第二十五条　股权激励工作小组将《阶段股权激励计划》完善后报公司董事会审议，董事会会议经公司全体董事过半数表决通过后报公司股东会审议，股东会以代表公司全部股权三分之二以上（含本数）的表决权同意通过。

第三节　《阶段股权激励计划》的实施

第二十六条　根据生效的《阶段股权激励计划》，由股权激励工作小组安排激励对象签订《员工股权激励合同》，获授激励性股权。

《员工股权激励合同》应包含绩效考核指标或绩效考核方式、对激励性股权的约束机制。

第二十七条　根据激励对象获授股权的结果，由股权激励工作小组向董事会提交《阶段股权激励计划执行结果报告》，经董事会审议通过后，由股权激励小组在全公司进行公告。

第五章 员工、激励对象权利保障

第二十八条　公司全体员工都有权获悉与股权激励相关的一切信息。公司董事会应保障本《管理制度》《阶段股权激励计划》《阶段股权激励计划执行结果报告》在本公司员工范围内充分披露。

第二十九条　获授实股股权的激励对象依照《公司法》《公司章程》的规定享有股东权利、承担股东义务。

第三十条　员工、激励对象认为在分配股权方面有侵害自己利益的行为可以向股权激励工作小组、监事会提出申诉。股权激励工作小组、监事会必须认真处理。

第三十一条　监事会对于股权激励工作小组、董事会一切与股权激励相关的工作行使监督权。

第三十二条　激励对象依照本《管理制度》已获得或者应当获得的激励性红利、股权不因本《管理制度》的变更或终止而变更或废除。

第三十三条　公司依照本《管理制度》的规定与激励对象签订《员工股权激励合同》。如果公司有违反本《管理制度》并侵害激励对象利益的行为，激励对象可依据本《管理制度》和《员工股权激励合同》向北京仲裁委员会申请追究公司的违约责任。

第六章　激励性股权变动的规则

第三十四条　当发生以下情况时，激励对象不再获授激励性红利、股权，未行权的股份期权全部作废；同时，该激励对象必须按获授价格并加算银行同期存款利息将已拥有的全部实股股权转让给股权激励工作小组指定的人员：

（1）激励对象未经公司同意，擅自离职的；

（2）激励对象投资或加入（包括从事兼职）与公司有竞争关系的其他公司而被辞退时；

（3）当激励对象严重失职、渎职给公司造成损失而被辞退时；

（4）当激励对象由于索贿、受贿、泄露公司技术/商业秘密或损害公司声誉等行为给公司造成损失而被辞退时；

（5）激励对象严重违反公司规章制度或其他严重过错而被辞退时；

（6）激励对象因违法犯罪行为被判处刑事责任时。

公司可在阶段股权激励计划中设定严于上述规定的约束性措施。

第三十五条　因经营形势变化，且激励对象无任何过错，公司与该激励对象协商解除劳动关系的，该激励对象不再获授激励性红利、股权；同时，该激励对象可以继续持有已获授股权。

第三十六条　当激励对象退休时，该激励对象不再获授激励性股权；同时，该激励对象可以继续持有已获授股权。

第三十七条　如果激励对象丧失民事行为能力，该激励对象不再获授激励性股权；同时，该激励对象已获授股权应当由公司原始股东以较优惠价格收购。

第三十八条　如果激励对象死亡，该激励对象不再获授激励性股权；同时，该激励对象已获授股权应当由公司原始股东以较优惠价格收购，受让资金由其合法继承人所有。

第七章　责任制度

第三十九条　对于具备条件员工而不予以股权激励的，应追究有关责任人员的责任，可以对其处以相当于个人基本工资1~3个月的罚款，如果是股权激励工作小组成员应免除其成员资格。

第四十条　如果激励对象拒绝按照公司要求配合办理相关工商登记手续，激励对象不再获授激励性红利、股权，其可获授红利、股权按比例转移给其他激励对象。

第四十一条　任何公司股东都必须执行本《管理制度》所规定的各项义务及由此合法派生的义务，任何前述股东均不得拒绝履行本《管理制度》所规定的各项义务及由此合法派生的义务。否则，因任何前述股东拒绝履行本《管理制度》所规定的各项义务及由此合法派生的义务而导致公司承担了违约责任、赔偿责任，任何前述拒绝履行义务的股东无条件地对公司承担同等的违约责任、赔偿责任。如果同时存在两个以上的该等股东，则该等股东对公司承担连带责任。

第八章　附则

第四十二条　本《管理制度》经公司股东会决议通过，自通过之日起生效，加盖公司公章后向公司全体员工公告。

本《管理制度》的修订或终止必须经全体股东一致同意。

第四十三条　本《管理制度》是公司管理制度的重要组成部分，对于股东、董事、监事、高级管理人员、全体员工均具有约束力。

第四十四条　本《管理制度》解释权属于公司董事会。

北京钻石教育科技有限公司

2015年1月31日

股权激励方案是指企业在某一具体时点针对现实情况所制定和实施的关于股权激励的各项具体措施。它具体确定股权激励的对象有谁，股权激励的工具是什么（实股、虚股、现股、期股、期权），股权激励的方式（直接持股、间接持股），股份的来源（增发还是转让），资金的来源（自筹还是借贷），激励股权的定价，激励股权的数量，股权激励实施的时点和期限，对激励对象的约束机制（绩效考核和退出机制）。

《××公司××××年度股权激励计划》范本

第一部分　基本内容和格式

一、年度股权激励分配方案

根据《××公司股权激励管理制度》《××公司实施股权激励制度绩效考核办法》以及《××××年度员工股权激励年度绩效考核结果报告》《××××员工股权激励合同履行报告》制订本年度股权激励计划如下。

（一）××××年度公司净利润为××××万元，净资产为××××万元，净资产收益率为××%，超过了10%的考核指标。因此，可以有×××万元净利润向本年度激励对象奖励，前述奖金可转增为股权的数额为：×××万元。

（二）根据考核结果，确定综合测评分前××名员工为××××年度公司激励对象，前××名员工综合测评分为×××分。

（三）××××年度股权激励分配方案。

××××年度股权激励计划

序号	姓名	部门	职务	岗位	得分	占总分比例	获授股权数	价格元/元出资	限售期
1									
2									
合计									

二、激励性股权分配结束后公司的股权结构

（一）××公司的总股本为：××××万元。

（二）××公司股权结构表。

××公司股权结构表

序号	姓名	部门	职务	岗位	持股数额	占总资本比例
1						
2						
合计						

××公司股权激励工作小组

××××年×月×日

第二部分 范例

《北京梁山武功科技发展有限公司2007年度股权激励计划》范本

北京梁山武功科技有限公司成立于2005年8月，从事武术教学软件的研发、生产和销售业务。公司总注册资本1000万元。宋江持有700万元的出资；柴进持有280万元的出资；花荣持有20万元的出资。

一、年度股权激励分配方案

根据《北京梁山武功科技发展有限公司股权激励管理制度》《北京梁山武功科技发展有限公司实施股权激励制度绩效考核办法》以及《2007年度员工股权激励年度绩效考核结果报告》《2007员工股权激励合同履行报告》制订本年度股权激励计划如下。

（一）2007年度公司净利润为500万元，净资产为3125万元，净资产收益率为16%；2007年度行业净资产收益率为8%，超过了行业净资产收益率和10%的考核指标。因此，可以有500×30%=150万元净利润向本年度激励对象奖励，前述奖金可转增为股权的数额为：150万元。

（二）根据考核结果，确定综合测评分前8名员工为2007

年度公司激励对象，前8名员工综合测评分为5.19分。

（三）2007年度股权激励分配方案。

2007年度股权激励分配方案

序号	姓名	部门	职务	岗位	综合得分	占总分比例	获授股权数	价格元/每元出资	限售期
1	武松	销售	经理	经理	0.82	0.158	23.70	1:1	2008年3月日—2012年3月日
2	林冲	研发	总监	经理	0.75	0.145	21.75	1:1	同上
3	花荣	市场	经理	经理	0.75	0.145	21.75	1:1	同上
4	李逵	市场	专员	推广	0.73	0.141	21.15	1:1	同上
5	石迁	销售	专员	销售	0.66	0.127	19.05	1:1	同上
6	史进	研发	专员	研发	0.58	0.112	16.80	1:1	同上
7	杨志	财务	经理	经理	0.48	0.092	13.80	1:1	同上
8	燕青	行政	专员	秘书	0.42	0.081	12.15	1:1	同上
合计					5.19	1.001≈1	150.15≈150		

二、激励性股权分配结束后公司的股权结构

（一）北京梁山武功科技发展有限公司的总股本为：1150万元。

（二）北京梁山武功科技发展有限公司股权结构表。

北京梁山武功科技发展有限公司股权结构表

序号	姓名	部门	职务	岗位	持股数额（万元）	占总资本比例
1	宋江		董事长	董事长	500	43.48%
2	柴进		副总经理	副总经理	300	26.09%
3	戴宗	销售	副经理	副经理	100	8.70%
4	孙二娘	财务	财务总监	财务总监	80	6.96%
5	花荣	市场	经理	经理	41.75	3.63%
6	武松	销售	经理	经理	23.70	2.06%
7	林冲	研发	总监	经理	21.75	1.89%
8	李逵	市场	专员	推广	21.15	1.84%
9	石迁	销售	专员	销售	19.05	1.66%
10	史进	研发	专员	研发	16.80	1.46%
11	杨志	财务	经理	经理	13.80	1.2%
12	燕青	行政	专员	秘书	12.15	1.03%
合计					1150.15≈1150	100%

北京梁山武功科技发展有限公司

股权激励工作小组

2008年2月15日

股权激励制度和股权激励方案都离不开六个基本要素，即定人、定股、定价、定量、定时、定考。股权激励制度的六要素是抽象的、原则性的，股权激励方案是具体的、确定的。股权激励制度是股权激励方案的指南，股权激励方案是股权激励制度的具体落实。股权激励制度是根本，股权激励方案是外在形式，前者决定后者，后者体现前者。在现实实践中，企业必须制订出每一时点的具体股权激励方案才能真正算股权激励制度落地。

股权激励和股权福利

很多企业搞股权激励不成功，其原因之一就是不懂得区分股权激励和股权福利。股权激励和股权福利都是给员工利益的形式，也都对员工起到鼓励的作用，但是两者之间还是有本质区别的，现在进行比较如下。

1.激励对象不同

股权激励所针对的对象是老板的准合伙人，这些人必须高度理解和认同老板的价值观和企业的发展战略、拥有优秀的专业特长、具备较强的领导力。它的结果是把骨干员工——准合伙人拉进以老板为首的合伙人团队，从而构建出企业的核心团队。而股权福利针对的是遵规守纪的员工，只要这些人遵守企业的规定，按要求完成本职工作就可以成为激励对象，不要求这些员工理解和认同企业的价值观。它的目的是稳定员工，促进团队和谐。

2.激励的目的不同

股权激励的目的是吸引、稳定和激励核心人才，点燃他们的工作激情，创造卓越业绩；股权福利则是稳定员工、减少冲突、保持和谐。

3.激励的性质不同

股权激励强调的是激励，在《现代汉语词典》中“激励”是“激发鼓励”的意思，是发动人、刺激人完成某项重大任务的活动，激励更强调向前冲的冲劲、闯劲；股权福利强调的是福利，福利主要是让普通员工获得基本保障，从而感觉满意、安全，保持稳定，福利更强调稳定平衡。

4.激励的力度不同

股权激励的激励力度要很大才行，激励对象所获得的股权价值应在百万元、千万元以上，甚至达到上亿元，重赏之下必有勇夫；股权福利不要求力度大，一般在年薪的几倍以内即可，但追求广覆均衡，大家开心最重要。

5.实施的方式不同

股权激励必须与高业绩考核相结合，多用期权、业绩股票等方式；股权福利主要与年资相结合，多用限制性股票、分红权等方式。

综上，股权激励重在激励精英，股权福利重在安抚大众，如果错位实施，不仅得不到积极效果，反而会带来负面影响。在实践中，两者各有所长，可以根据企业实际情况组合运用。针对创业企业，重点应当是股权激励，实施股权福利往往是为了更好地推行股权激励。

股权激励与共享制

有些人只把股权激励理解为共享制，认为工资、奖金就不属于共享制。这种认识是不正确的。为什么说不正确？因为他们对于共享制的外延理解得过于狭窄。《中共中央关于制定国民经济和社会发展第十三个五年规划的建议》提出了创新、协调、绿色、开放、共享的发展理念，共享理念是五大理念之一，足见共享制的重要性。笔者理解的共享制指的是在参加创造财富的共同活动中所有做出贡献的当事人对最终成果各自获得相应的利益，它强调利益成果由各参与方共同分享，反对由某人或某部分人独占全部利益。通过上述定义可以看出共享制的本质是利益关联性，即全部参加创造财富活动的人都要从总利益成果中分割属于自己的利益，说俗了就是人人有份，总利益成果必须和关联人相联系，只要符合这一特征就是共享制。股权激励使员工获得了股权，可以和企业主分享企业的剩余索取权（利润和产权增值），是共享制。很多人认为工资、奖金是一家企业发给员工的生活费，企业主获取了全部的剩余索取权，因此，员工和企业主没有共享关系。难道因为如此，双方就不是共享关系了吗？试问：员工的工资、奖金随着企业的业绩而上下浮动，难道不是共享制吗？员工的工资、奖金的变动不影响企业主的利润吗？尤其当企业破产时，老板变得一无所有，员工也不会再拿到任何工资、奖金了，难道员工的工资、奖金不和老板的利润、企业的命运关联吗？如果相关联，又怎么能说工资、奖金就不是共享制呢？所以，工资、奖金也是实实在在的共享制，这是不容置疑的。

虽然我们承认了工资、奖金也是共享制，但是大家总感觉股权激励还是不同于工资、奖金的，这是为什么呢？原来，共享制不仅存在关联性的一面，还要看关联程度，即各成员对于总利益成果分享的数量多少，即分享的程度。例如，“共享”一词的出处，明朝冯梦龙所著《东周列国志》第七十一回：“（齐）景公曰：‘相国政务烦劳，今寡人有酒醴之味，金石之声，不敢独乐，愿与相国共享。’”这里就出现一个问题，从关联性的角度讲，齐景公只要给相国一杯酒就算得上分享，当然，给相国一百坛酒也属于分享；但是，从关联度的角度讲，给一杯酒分享的程度远远低于给一百坛酒分享的程度。如果齐景公仅给相国一杯酒，对相国来说这种分享不仅起不到积极效果，反而是一种羞辱。因此共享制也要分成好的共享制和坏的共享制，不能一概而论，其区分标准就是利益关联度。关联度高的就是好的分享制，例如齐景公给相国一百坛酒；关联度低的就是坏的共享制，例如齐景公给相国一杯酒。工资、奖金一般是员工的生活费，关联度相对较低；而股权激励有可能带来较大利益甚至可以创造超级富豪，所以关联度较高，这就是大家认为股权激励比工资、奖金更符合共享制特征的根本原因。例如，苹果的CEO库克在2011年上任时分到3.762亿美元的股票，谷歌的CEO皮查伊2016年年初分到1.99亿美元的股票期权，马云的首席合伙人蔡崇信在阿里巴巴上市首日收盘时身家达78亿美元，但这些人的工资、奖金一年也就几十万至几百万美元，在巨额股票面前就显得微乎其微了。因此，股权激励的利益关联度要远远高于工资、奖金，是更彻底的共享制！

虽然在一般意义上股权激励比工资、奖金是更为彻底的共享制，但是要注意，股权激励本身也存在着关联度问题，一旦关联度不足，这样的股权激励就变为股权福利，员工只获得少量股权，带不来多大利益，甚至低于工资、奖金收入，也属于坏的共享制，不会对员工有多大激励作用。往往，这种做法还会给股权激励带来“无用论”的恶名。某新三板挂牌公司2011年10月新增48名员工股东，定增价格1.54元/股，购股最少的员工仅购买2000股。最近，该公司股价仅有3.01

元/股，扣除购股成本，该员工仅有2940元股票收益，很可能不及他一个月的工资，这样的股权激励不仅不能起到激励作用，而且会伤害股权激励的名声。

综上，共享制的内涵不仅有利益关联性，还有利益关联度，根据关联度的高低分为好的共享制和坏的共享制。所以，我们不能认为只有股权激励才属于共享制，也不能认为所有的共享制就是好制度。更不能认为所有的股权激励都是好的共享制，只有做到高利益关联度的股权激励才是好的股权激励，也才是好的共享制。

合伙人制能替代股权激励吗?

随着阿里巴巴声名的日益显赫，其所倡导的合伙人制也受到追捧。除了复星集团等很多企业完全效仿阿里巴巴的合伙人制外，万科提出了“事业合伙人制”，有人把华为的虚拟股权激励制度也叫作合伙人制……关于合伙人制的文章、图书也如雨后春笋般层出不穷。合伙人制大有一统天下的架势。传统的雇佣制，员工与企业之间是雇佣关系，即使员工拥有一定的股份成为企业的主人，但员工之间仍具有森严的等级地位差别。美国企业史学家钱德勒对现代企业的定义就是：“现代企业就是由一群具有等级的受薪经理人掌管的多单位企业。”在互联网时代，企业员工的作用更为突出，企业民主的要求更为强烈，消除等级差别实行扁平化管理的趋势更为明确，因此，合伙人制是替代传统雇佣制、消除等级壁垒，真正实现员工主人翁地位的企业管理制度创新，其前景十分远大。

大家知道，近年来股权激励制度在中国企业中广泛应用，对推动企业的发展发挥了很大的正能量。现在又开始流行合伙人制，那么，会不会像触摸屏手机代替按键手机那样由合伙人制替代股权激励呢？答案是否定的。虽然合伙人制具有很大的先进性并且与股权激励具有一些共同属性，但是两者仍然存在着重大的差异性，各自适用的条件和发挥的作用也是不同的。本书将比较股权激励与合伙人制的异同，从而帮助企业家和管理者更好地认识这两种制度，以便于更好地指导自己企业的制度创新。

在比较股权激励与合伙人制的异同点之前，要先对两种制度的概念和基本内容做一简介。

股权激励是使员工获得所任职企业的一定股权或其对应的权益，使得员工除了获得工资性收入外还能获得一定的资本性收益的一项制度安排，其实质就是一项利益分配制度。通过这项制度，员工与企业之间增强了利益联系，而且是与企业的长远和整体利益加强了关联。例如，苹果公司CEO蒂姆·库克在2015财年的薪酬共计是1028.13万美元，这包括了200万美元的年薪，非股权激励800万美元，以及其他收入28万美元。但是，当年有56万股限制性股票单位（RSU）归属于他，价值接近5800万美元。库克不仅通过工资与苹果公司进行利益关联，更通过股权激励实现了深度利益捆绑。苹果公司股价越高，库克获利就越多；苹果公司股价越低，库克获利越少。库克为了个人利益最大化，必须为提升苹果公司业绩努力工作！股权激励强调的是深度利益捆绑，因此被称为“金手铐”。股权激励的工具可以是实股股权，也可以是分红权（利润分享）、股权期权、股权增值权等虚股。股权激励一般针对企业核心员工，也有针对全体员工的普惠制的股权福利。股权激励并不改变企业和员工之间的雇佣关系以及员工之间的等级地位差异。股权激励最直接的作用就是一方面降低了企业的短期工资性现金支出，另一方面还能吸引和留住人才为未来的更大回报而勤奋工作。

合伙人制指的是企业的核心员工成为企业的主人，并且基于核心价值观的高度一致而结成共同创造、共担风险、共同分享的一种制度体系。合伙人制大量吸收了合伙企业中的合伙人合作机制，合伙制企业是人类历史上最古老的企业形态之一，它一直沿用至今。合伙人制是在企业核心员工之间推行的一种深度合作关系，而不是商业投资人之间的利益合作关系。合伙人首先必须是企业的全职员工，与企业存在雇佣关系，但是他们同时持有企业的股权，而且是实股股权，仅有虚股是不可以的，因此他们也是企业实实在在的主人。全体合伙人必须控制着企业的经营管理权。合伙人相互之间地位平等，不存在雇佣关系、等级差异，合伙人共同掌控着企业的命运。阿里巴巴2014年9月在纽交所上市时共有30名合伙人，虽然他们仅持有公司百分之十几的股份，但控制了公司一多半董事会席位，从而控制了CEO人选。

在上文对股权激励与合伙人制基本介绍的基础上可以比较出股权激励与合伙人制的异同了。

先看一看股权激励与合伙人制的共同点。

第一，都是企业制度创新。无论是股权激励制度还是合伙人制度，都是对传统单一雇佣制企业制度的否定与创新，在给予员工较多利益的基础上都会或多或少赋予员工更多的自主权，都是对员工的重视和解放。

第二，都针对员工。股权激励对象的主体是企业员工，合伙人制只能针对员工。

第三，都涉及股权问题。股权激励的激励工具包括了实股，主要是现股和期股（限制性股权），也包括虚股，主要是利润分享（分红权出让）、期权、股票增值权等。合伙人制的激励工具一般是实股，也可以是虚股，但在成为合伙人时必须持有较大量的实股现股。

再来比较一下股权激励与合伙人制的不同点。

第一，股权激励既针对企业员工，也可以针对外部关系人，但合伙人制仅针对企业内部员工。合伙人制中的合伙人必须是员工，必须全职在本企业工作。这是因为合伙人是把工作视为自己的主要事业和使命，因此兼职或无职就失去了合伙的基础。法律上的合伙企业或者商业合伙都不需要合伙人必须是本企业的员工，更不需要其全职在本企业工作。这是因为商业合伙人之间仅是针对某项具体利益的具体合作，这种合作不需要合伙人投入全部精力，每位合伙人也有自己认为对自己更重要的工作去做。

第二，对核心价值观的认同度不一样。核心价值观指的是人们对人、物、事最基本的价值判断。例如，人生在世何为最大的幸福？有的人认为是吃喝玩乐，有的人认为是升官发财，有的人认为是平平安安、与世无争，还有人认为是造福天下。这些不同的观点都体现了当事人的核心价值观。在不同的核心价值观下，人们对同一事物会产生不同的态度和行为。例如，对于企业的使命，老字号同仁堂的堂训是"同修仁德，济世养生"，然而今天有很多企业的使命可以概括为：唯利是图，急功近利！企业的使命、愿景、战略都是核心价值观的具体存在形式，任何一家企业都希望它的员工高度认同其企业核心价值观，核心价值观的一致决定了对使命、愿景、战略的认同。

股权激励涉及员工与企业核心价值观认同问题。因为股权激励是一项分配制度，股权回报一般都在一年以上，属于远期性回报，同时在设计股权激励时一般会将短期薪酬控制在一个较低的水平上，形成短期利益与长期利益的平衡。例如，谷歌首席执行官皮查伊在2015年收入包括薪资65.25万美元、价值9980万美元的限制性股票（RSU）奖励以及22935美元的"其他报酬"。而2016年2月公司又授予他1.99亿美元的限制性股票，规模是谷歌历届CEO获授予的奖励之最。皮查伊在2015年工资性的短期回报只有652500+22935=675435美元，股权激励性收入总金额9980万美元，后者是前者的148倍。再比如，晋商票号的身股制规定，顶有身股的员工只能每年在票号预支一部分银子做生活费，这种银子叫“应支银”，当员工获得身股分红时要将应支银全额扣除。这种制度设计明显地把重大回报放在股权激励性回报上，也就是长远回报上，但长远回报的风险要远高于短期回报，因此股权激励需要员工承担较大的风险。

如果员工对企业的未来发展不看好，那么就不愿意承担这种风险。员工的这种对企业未来发展的判断就是在一定程度上反映着对企业核心价值观的态度。如果企业发展状态较好，外部市场环境比较宽松，股权回报的风险会较低；如果企业的经营状况较差，外部市场环境十分严峻，那么股权回报的风险会较高。所以，企业的经营状况和外部环境越差，或者短期待遇较低的情况下，越考验员工对企业核心价值观的认同。员工能够接受股权激励，就意味着员工对企业核心价值观有较强的认同度。尽管股权激励也强调了对核心价值观的认同，但是其重点还是强调员工与企业利益的捆绑，重在以物质利益吸引员工。员工接受股权激励也更多地考虑获得更多的利益回报。因此股权激励突出的是利益共同体。

合伙人制则强调核心价值观的高度一致性甚至是完全一致。核心价值观的高度一致性是区分股权激励和合伙人制的关键所在！合伙人之间核心价值观的一致表现为与企业文化（包括价值观、使命、愿景等）的高度契合！2013年9月10日，阿里巴巴董事局主席马云在内部邮件中首次正式披露了阿里巴巴合伙人的标准：“在阿里巴巴工作5

年以上，具备优秀的领导能力，高度认同公司文化，并且对公司发展有积极性贡献，愿意为公司文化和使命传承竭尽全力。”上述声明中的“高度认同公司文化”“愿意为公司文化和使命传承竭尽全力”就指的是合伙人核心价值观高度一致。合伙人制突出的是思想共同体！阿里巴巴2014年纽交所上市的招股说明书中对合伙人的职责表述为：“合伙人主要的责任就是尽其所能身体力行地弘扬我们的使命、愿景和价值观。我们期望合伙人是我们的使命、愿景和价值观的传道者，不仅针对组织内部，而且包括外部的顾客、商业伙伴和其他我们生态系统的参与者。”

核心价值观的高度一致并不独立于利益的一致，核心价值观代表人的根本价值倾向，因此代表的是根本利益，所以核心价值观的一致就是根本利益的一致，这种利益的一致性是最牢固、最恒久的！股权激励对象与企业之间有共同利益，但这种利益多是暂时的、具体的利益，很少涉及根本利益，这种利益一致性是松散的、短暂的。核心价值观和根本利益的高度一致，使得合伙人之间以及合伙人和企业之间是最牢固、最恒久的合作关系！

第三，员工与企业的关系、员工与员工间的关系不同。股权激励基本不改变员工与企业的关系——雇佣关系，也不改变员工间的关系——等级关系。股权激励下员工与企业仍是雇佣关系，员工之间仍然存在身份等级差别；合伙人制下合伙人是企业的主人，与企业不是雇佣关系，而是合作关系，合伙人之间是志同道合的同志关系，彼此身份、地位平等，不存在身份等级差别。在经营管理中合伙人之间有职务高低之分，但那是纯粹的工作分工，而不是公司内部的政治等级。阿里巴巴的合伙人制规定：每位合伙人拥有平等的一票表决权，引入新合伙人需要全体合伙人超过75%的表决权同意才能通过。

第四，对企业的控制权的控制程度不同。股权激励下，企业的关键控制权仍在老板手中。在实施股权激励的企业最常见的就是把员工的股份放在一个持股平台里，然后由这个持股平台作为一个股东向目标企业投资。员工只是直接持有持股平台的股权，而不能直接持有目标企业的股权。最常见的持股平台形式是有限合伙企业，它由两类投资人构成，即普通合伙人和有限合伙人。普通合伙人承担无限责任但握有有限合伙企业的控制权，有限合伙人承担有限责任但不掌握企业的控制权。大股东或老板一般充当普通合伙人，员工充当有限合伙人。在这种框架下，员工基本仅享有投资的经济收益权而没有表决权等企业管理权。即使在有些股权激励方案中部分员工直接持有目标企业的股权，但其表决权也会受到极大的限制。例如，新三板挂牌企业××教育的大股东、董事长、总经理王某持股占比为25.34%，董事、副总经理李某直接持股占比为6.89%，监事会主席邱某直接持股占比为6.89%，董事、副总经理冯某直接持股占比为5.85%。李某、邱某、冯某与王某签署《一致行动人协议》，约定：“李某、邱某、冯某在公司决策中与王某保持一致。

李某、邱某、冯某将保证在公司股东大会和董事会会议行使表决权和经营管理权时与王某采取相同的意思表示，以巩固王某在公司中的控制地位，并承诺在今后公司的生产经营过程中，凡涉及公司重大经营决策事项时，李某、邱某、冯某将在公司的股东（大）会或董事会中与王某保持一致表决。”虽然李某、邱某、冯某直接对××教育持股而且拥有的份额不低，但是通过《一致行动人协议》他们3人等于在实质上丧失了独立表决权。公司的最高决策权牢牢掌控在大股东、董事长、总经理王某手中。

合伙人制下，企业的关键控制权掌控在合伙人集体手中而不是掌握在某一个合伙人手中。阿里巴巴的合伙人制规定：在决定由合伙人推荐的每一名公司董事候选人时，需要全体合伙人半数表决通过。从阿里巴巴的合伙人制可以看出合伙人制遵循“一人一票，少数服从多数”的原则。

通过前述分析可以自然得出结论，合伙人制对员工的要求要比股权激励严苛得多，符合合伙人条件的员工要大大少于股权激励的对象。阿里巴巴现有员工3万余人，拥有股权的员工上万人，但合伙人仅有33人。股权激励可以被称为准合伙人制，而合伙人制可以被称为最高级的股权激励。两者有共同点，但更有不同点，它们各自具有独立性，也就具有不可替代性。在实践中，必须根据每个企业的特点选择采用股权激励或合伙人制。就中国民营企业的总体现状而言，股权高度集中、内部等级森严，在这种整体比较落后的情况下股权激励仍是十分先进的企业制度，能够全面落实仍旧不易；更为高级的合伙人制仅适用于极少老板开明、员工条件优越的企业。在适用企业制度上，每一个企业都不能超越自己的现实条件而冒进采用超前制度，其后果只能是削足适履，事倍功半，得不偿失。

合伙人制与商业合作的异同

在阿里巴巴的推动下，合伙人制日益流行。但人们也很快就产生了认识上的误区，把合伙人制等同于传统的商业合作，或者能感觉到两者的区别，但不能讲明白。在这种思想误区下，是不能正确实施合伙人制的。我们将对合伙人制与商业合作的异同进行简要分析，力图找出主要的异同点，从而帮助创业者更好地实施合伙人制以及更好地处理商业合作。

合伙人制是指在企业核心员工之间推行的一种紧密合作关系，员工不再仅是企业的雇员，也是企业的主人和控制者。合伙人之间不存在等级差别，而是平等合作关系。合伙人首先是企业的员工，与企业存在雇佣关系，但是他们同时持有企业的股权，也是企业的主人，控制着企业的经营管理权。马云关于合伙人的定位是：“合伙人，公司的运营者，业务的建设者，文化的传承者，同时又是股东。”合伙人相互之间地位平等，不存在雇佣关系、等级差别，合伙人共同掌控着企业的命运。传统的雇佣制，员工与企业之间是雇佣关系，即使员工拥有一定的股份成为企业的股东，但员工之间仍具有森严的等级地位差别。现在很多企业都搞了股权激励，但员工与企业之间仍然是雇佣关系，员工之间仍然存在森严的等级差别。在阿里巴巴的合伙人中，马云一人的持股量就大于其他合伙人的持股总量，但是在表决时，马云同其他合伙人一样只拥有一票表决权。可见在身为合伙人的企业员工之间没有等级地位差别。

商业合作是商业投资人为获得一定利益，而共同投资、共担风险、共享收益的一种合作关系。从广义上说，商业投资人之间的合作关系也可以称为合伙关系。这种合伙关系组成形式包括商业项目合作、组建合伙企业、创办公司。商业投资人在出资时都是投资人或者称为老板，无论出资多寡或者出资形式如何，他们的身份都是投资人，是企业的主人，相互间是平等的关系。这种平等关系是受《合同法》《合伙企业法》《公司法》等法律法规认可和保护的。商业合作最大的特点是投资人之间拥有具体的共同利益，这种利益可大可小、可长可短，但一定是阶段性的，不可能是长久的。这就是为什么公司营业执照上都有营业期限这一项登记事项的原因。“天下没有不散的筵席”是对商业合作关系的最好写照。投资人之间在核心价值观上可能一致，也可能不一致，甚至是相对立的，但这并不妨碍大家拥有共同利益，并且为赢得这项利益而合作。微软和苹果两大公司自20世纪80年代起就一直处于敌对状态，乔布斯和比尔·盖茨为争夺个人计算机这一新兴市场的控制权展开了激烈的竞争。到了20世纪90年代中期，微软公司明显占据了优势，占领了约90%的市场份额，而苹果公司则举步维艰。但让所有人大跌眼镜的是，1997年，微软向苹果公司投资1.5亿美元，把苹果公司从倒闭的边缘拉了回来。2000年，微软为苹果推出Office2001，微软与苹果真正实现双赢。微软和苹果的合作使得微软扩大了市场、苹果起死回生，符合了两者的暂时利益，但从本质上说，两家企业还是利益相左的竞争对手，其合作仅是暂时的、局部的、阶段性的。“没有永远的朋友，只有永远的利益”，这句话是阐释商业合作关系的最好标签！由于商业合作单纯强调具体利益，不注重合作者价值观的一致性，因此其合作的基础是单薄和脆弱的，一旦合作条件发生变化，合作就很可能破裂，甚至发生冲突。

在明确了合伙人制和商业合作的概念和基本内容后，就可以比较一下两者的异同了。

首先，总结一下两者的共同点。

第一，两者都是合作。合作就是合作各方共同投入资源，相互协作，共同完成一项任务。

第二，两者都是基于共同利益而结成。如果没有共同的利益，仅对一方有利而对他方不利，就不可能有合作。

其次，总结一下两者的不同点。

第一，合作者身份不同。合伙人制的合伙人必须是企业员工，必须全职为一家企业工作。商业合作中的商业投资人不必是企业的员工，可以是法律允许的各种身份。

第二，合作基础不一样。合伙人制的合作基础是合伙人的核心价值观高度一致，从而衍生出共同的使命、共同的目标、共同的策略。合伙人之间志同道合，是思想共同体。需要强调的是合伙人之间思想高度一致绝不意味着可以脱离利益，相反，核心价值观一致代表着根本利益一致，是最高利益的一致！合伙人甚至会为了企业的整体利益而自愿牺牲一些个人利益。阿里巴巴在创业初期，“十八罗汉”仅拿500元人民币的月薪而拼命为公司工作。商业合作的合作者核心价值观不一定一致甚至相反，但在某项具体业务上有共同利益，因此，商业合作是赤裸裸的利益共同体，而且这种利益都是具体的、暂时的、局部的。

第三，合作深度不一样。合伙人制是思想共同体，因而合作程度极深，可谓天长地久、海枯石烂。商业合作是利益共同体，因而合作程度不深，可谓良宵美景、转瞬即逝。

通过前述比较，合伙人制与商业合作有共同点，但更有不同点，不同点远远大于共同点。两者有不同的适用范围，绝不能混淆两者或等同两者，否则，只会在实践中遭到失败。

新三板是中小企业实施股权激励的乐园

在中国实施股权激励的企业不多，固然和企业主的理念普遍陈旧有关，但也受资本市场不发达现况的制约。对员工实施股权激励，员工的获利途径无非是分红和股权转让差价。对于中小企业而言，现金流始终是紧张的，因此大规模的分红几乎是不可能的，甚至绝大多数企业始终就不分红。在这种情况下，员工要想从股权上获利，只有通过股权转让这一途径。就股权转让而言，只有在公开的市场上才可能溢价充分、转让便利，而非公开转让难以寻觅收购方、难以定价，也就难以成交。所以，从员工最大化实现利益的角度而言，股权激励必须和上市相结合。我们都知道中国的资本市场还不是非常发达，发展25年了，深、沪两个交易所也仅有3000多家上市公司，比对中国2000

万家企业的总量而言真是九牛一毛呀。没有上市这个出口，企业也就没有了实施股权激励的积极性，即使实施了股权激励，大多数员工也会不当一回事儿。

一、新三板为中小企业实施股权激励提供了巨大空间

新三板的到来，为广大中小企业带来与资本市场对接的良机，也为实施股权激励拓展了巨大的空间！有了新三板，企业实施股权激励的外部条件大为改观，很多中小企业都有机会挂牌（其实就是上市）了。截至2015年11月5日，新三板挂牌企业已达3954家。股权激励的春天到来了！全国中小企业股份转让系统有限公司副总经理隋强在2015年10月出席“2015第四届金融街论坛”时发表重要讲话表示新三板还支持了人才、技术等创新要素在中小微企业的集聚，新三板累计有249家挂牌公司开展了325次带有股权激励性质的股票发行，激励的核心员工达到了6220多人。我们相信，有了新三板这个平台做支撑，一定会有越来越多的企业实施股权激励。

二、新三板为中小企业实施股权激励进行了巨大的制度创新

新三板不仅为中小企业提供了一个实施股权激励的平台，还专门

设计了独具特色的股权激励制度。

《非上市公众公司监督管理办法》第三十九条规定：新三板公司股票定向发行的对象包括公司的董事、监事、高级管理人员、核心员工。核心员工的认定，应当由公司董事会提名，并向全体员工公示和征求意见，由监事会发表明确意见后，经股东大会审议批准。此条明确规定新三板挂牌公司可以向公司的员工发行股票实施股权激励，并且明确了实施股权激励的程序。该办法第四十五条规定：在全国中小企业股份转让系统挂牌公开转让股票的公众公司向特定对象发行股票后股东累计不超过200人的，中国证监会豁免核准，由全国中小企业股份转让系统自律管理。也就是说，当实施股权激励的员工股东与原股东人数总和不超过200人时，实施股权激励公司不需要向证监会申请许可而直接向全国股转系统公司申请办理，审批程序非常简捷。大家知道，到新三板挂牌的企业绝大多数是中小企业，公司原始股东人数和核心员工人数都较少，很少能超过200人，这样规定就是有意为企业实施股权激励创造便利！

《全国中小企业股份转让系统业务规则（试行）》2.6规定：申请挂牌公司在其股票挂牌前实施限制性股票或股票期权等股权激励计划且尚未行权完毕的，应当在公开转让说明书中披露股权激励计划等情况。这是一条非常重要的规定！它的意思是说，来新三板申请挂牌的公司在提出挂牌申请前就已在实施具有持续期间性的限制性股票或股票期权等股权激励计划，在申请挂牌时这些计划还没有实施完毕，企业可以一面申请挂牌一面继续实施原股权激励计划而不需要提前终止，但条件是必须把股权激励计划的详细内容通过该等公司的公开转让说明书对外披露。为帮大家加深理解，现举以下案例。

假设A公司于2009年7月设立，并且在2010年3月1日向5名员工授予30万份股票期权，行权价为3元/股，这个股权激励计划的有效期间为2010年3月1日至2020年3月1日。首批10万份可行权日为2013年3月1日，第二批10万份可行权日为2016年3月1日，第三批10万份可行权日为2019年3月1日。在2013年3月1日后至年底前的这段时间里5名员工都进行了首次行权，获得了10万股股票。公司从2013年6月底就开始筹备新三板挂牌，2014年5月8日向全国中小企业股份转让系统有限公司申请挂牌并获得受理，并于2014年8月8日成功挂牌。显然在申请挂牌时公司的股票期权激励计划还没有执行完毕，这时可以继续执行原股权激励计划，但是要把本股权激励计划的内容原原本本地写入《A公司股票公开转让说明书》对外披露，而无须终止这个正在执行中的股权激励计划。

应当说这项规定是新三板的重大突破！因为国内交易所（场内）市场（上海证券交易所、深圳证券交易所）禁带未执行完毕的持续性股权激励计划上市。《首次公开发行股票并上市管理办法》第十三条规定：发行人的股权清晰，控股股东和受控股股东、实际控制人支配的股东持有的发行人股份不存在重大权属纠纷。带有未执行完毕的持续性股权激励计划在交易所上市被认为涉嫌股权不清晰，因此必须终止。如果上述A公司在国内交易所（场内）市场上市就要在向证监会申报IPO材料前终止该股票期权计划，终止的方式可能是5名员工放弃后两期共20万份股票期权或者提前对20万份股票期权行权。如果采取前一方案，员工已经付出了前期的努力，却失去了购买后两期20万股股票的机会，明显对员工不利；如果采取后一方案，员工还没有完成规定期间的考核，就以3元这一优惠价格获得后两期20万股股票，明显对公司不利。这种规定就使A公司陷入两难的境地。新三板不认为未执行完毕的持续性股权激励计划导致股权不清晰，这种股权激励安排确实会导致公司股权数量和结构存在变数，但只要把这种安排充分披露，让投资者注意到，聪明的投资者自会进行投资判断。公司带着未执行完毕的持续性股权激励计划上市这种安排在NASDAQ完全是正常的，对他们不算创新，但对中国资本市场而言却是重大的创新，是新三板率先做出了这一破冰之举。有了这一制度安排，更多的中国中小企业可以对员工做出长期的股权激励计划安排，在这种安排中仅会把上市（挂牌）看作其中的一环，它会提升员工对公司股权激励计划的信任度，从而会激发出更高的工作积极性和创造力！

新三板能为中小企业实施股权激励做出如此重大的支持，人们当然会认为新三板是中小企业实施股权激励的乐园。

第三章 股权激励的操作实务与技巧

创业者在实施股权激励时首先盯住核心团队的岗位，对于在岗的人要让其安心留下，对于空缺的岗位要积极去搜索人才，并以股权吸引他们到岗。对于核心成员特别要确定其认同企业价值观和发展战略、具备专业技能和领导力。在对核心团队成员实施股权激励时量一定要大一些，这样激励效果才会明显。

中小企业如何设计出管用的股权激励方案?

很多中小企业都想得到一套切实有效也就是管用的股权激励方案，并不想要一套华而不实、花拳绣腿的东西。怎样才能设计出管用的股权激励方案呢？经过长期的研究和实践，笔者确定了制订股权激励方案的六要素，即定人、定股、定价、定量、定时、定考。如果一家企业能把上述股权激励要素一项一项设计周全，就是一个好方案！

一、定人

没有什么要素比确定股权激励对象更重要了，人选对了什么都对，人选错了什么都不对！对员工正确分类是成功实施股权激励的依据，企业内部股权激励从员工分类开始。任何企业的员工都不是铁板一块，而是多种类型的集合体。把这些员工准确地区分归类就可以为股权激励指明方向。至于如何分类，前文中提供的企业员工分类图就是很好的工具，读者可以温习。

二、定股

股权激励的定股是一个外延广泛的概念，它包括确定股权激励的工具、持股方式、股份来源、资金来源、股份处置约束机制等广泛内容。

（一）按照股权激励工具划分

1.按照用于激励的股权的性质进行划分

（1）实股：以实股对他人进行的激励就是实股激励。实股全称实际股份或实际股权，它指的是对企业剩余财产享有分配权的股份。有的实股包含全部的股东权利，也有的仅包含部分权利。例如，限制性股份，往往就被限制了转让权、质押权、继承权、表决权。优先股就属于一类限制性股份，被限制了表决权。

实股适合给经过长期考验的老员工，因为只有长期考验才能认清一个人的核心价值观和人力资本，对于核心价值观一致和人力资本突出的人才可以给予实股。对于新员工和“空降兵”要慎用实股。因为企业还不了解这些员工的人力资本和价值观，虽然在招聘的时候了解了一些，但真要了解一个人还要在实际工作中长期考查。假设新员工一来就给实股，当讨论企业的重大事项时他就有实际参与权，如果老板和新员工价值观不一致，大家就会陷入争论甚至演化为争斗。一旦发生这种不愉快的事情，企业很受伤。很多老板没经验，都在这上面栽了跟头。这不是实股惹的祸，而是识人不准、激励不当惹的祸。

（2）虚股：虚股激励即指以虚股进行的股权激励。虚股指的是用于激励的标的模拟实际股份并包含实际股份某一项或数项股东权利。激励对象可以依据被授予“虚拟股权”的数量参与公司的分红或同时享受股价升值收益，但没有剩余财产分配权和表决权，也不能转让和出售，并在离开企业时自动失效。

虚股的典型代表是分红权、股票增值权。这里我们要强调，虚股可以包含一项或数项股东权利，但是它不能包含对企业剩余财产的分配权，这是虚股和实股之间不可逾越的红线。虚股持有人只能是企业的准股东而不可能是真实股东。

虚股适合于真实能力和价值观尚不十分明确的人。这种人多数是新员工。他们的应聘简历往往很光鲜，但真实实力到底如何，核心价值观是否被本企业认同，用人单位一时很难做出判断。在这种情况下使用虚股可以两全其美：其一，入职即给予了新员工股权激励，表示了对他们的市场价值的认可，新员工满意；其二，虚拟股权不需要进行工商登记，不享有关键的股东权利，假使后来员工出现问题，企业也相对好处理，不至于产生太糟糕的局面。

但是应当看到，虚股毕竟不是实股，仅仅属于带有股权性质的利益安排，如果对于检验合格的员工一直用下去，就会让员工感觉“太见外了”，企业不把自己当自己人。因此，虚股可以用一段时间，但不应长期用下去。该转实股就应及时转实股。

2. 按照激励对象的权利和义务对激励性股权进行划分

按照激励对象的权利和义务，激励性股份可以划分为现股、期股、期权。

（1）现股：公司立即向激励对象兑现股份的股权激励方式。

优点：对激励对象的激励性较强；

缺点：对激励对象的约束性太弱，不利于新人；

适用情况：激励对象属于元老且有一定支付能力，企业经营状况较好。

（2）期股：企业与激励对象约定，允许激励对象按既定价格用各种方式认购本企业一定数量的股份，先行取得所购股份的分红权、表决权等部分权益，然后再分期支付购股款项，最后取得股份的完全所有权。概括地说，期股的特点是“先付钱、后兑现”。

期股案例

北京梁山武功科技发展有限公司股东宋江于2008年12月5日与员工关胜约定：关胜在当日以2.5元/1元注册资本的价格向公司认购50万元股票，对价以红利及自有资金分2年3次支付。

关胜于2009年2月10日以自有资金向公司出资10万元，于2010年2月10日以分红10万元和自有资金15万元向公司出资，于2011年2月10日以分红15万元向公司出资。在2011年2月28日增资完成后，公司的注册资本变为1020万元，关胜持有20万元股权，占注册资本的1.96%。

优点：对激励对象的约束性很强，对原股东利益保护极好。

缺点：激励对象的压力过大，推行困难，适用范围较小。

适用情况：激励对象限于高管等少数核心人员且承担风险的能力较强，企业经营状况一般或较差。

（3）期权：激励方授予激励对象在未来一定期限内以预先确定的价格和条件购买任职公司一定数量股票的权利。激励对象可以其获授的股票期权在规定的期间内以预先确定的价格和条件购买任职公司一定数量的股票，也可以放弃该种权利。

案例：A公司股份期权激励计划

期间：2010年3月1日至2014年3月1日

授权日：2010年3月1日　授予销售总监李刚30万份股份期权，此时公司每股净资产3元，外部投资人给予的估值8元/股，给予李刚的行权价3元/股。

可行权日：2013年3月1日　一次性授予李刚30万份股份期权。

等待期：2010年3月1日至2013年3月1日　在此期间，李刚全职在公司上班且每年都要完成公司下达的绩效考核指标。上述两项任意一项不满足，授权给李刚的全部股份期权作废。

可行权日市价：2013年3月1日　20元/股

行权价：2013年3月1日　3元/股

可行权日市价与行权价的价差　20−3=17元/股

实际行权日市价：2013年5月8日　23.7元/股

实际行权日市价与行权价的价差　23.7−3=20.7元/股

出售（股票）日市价：2014年4月28日　35.8元/股

出售（股票）日市价与行权价价差　35.8−3=32.8元/股

优点：对激励对象的压力较小，适用范围较广；激励效果较好；对原股东的利益保护较好。

缺点：制度设计复杂，操作困难；制度实施困难，管理成本高；受股票市场波动影响大。

适用情况：管理能力较强的企业，企业经营状况不限，激励对象有一定支付能力。

（二）按照持股方式划分

根据激励对象持有目标企业股权（实股或虚股）的方式可以将股权激励划分为直接持股方式和间接持股方式，如图3-1。直接持股方式就是激励对象直接持有目标企业的股权，在此种方式下激励对象就是目标企业的股东，直接对目标企业享有股东权利承担股东义务。间接持股方式就是激励对象先投资入股一个持股平台（一般是有限合伙企业或者有限责任公司），再由这个持股平台向目标企业投资入股。在此种方式下激励对象仅是持股平台的股东，不是目标企业的股东，因此，仅对持股平台享有股东权利，承担股东义务，不对目标企业享有股东权利，承担股东义务。

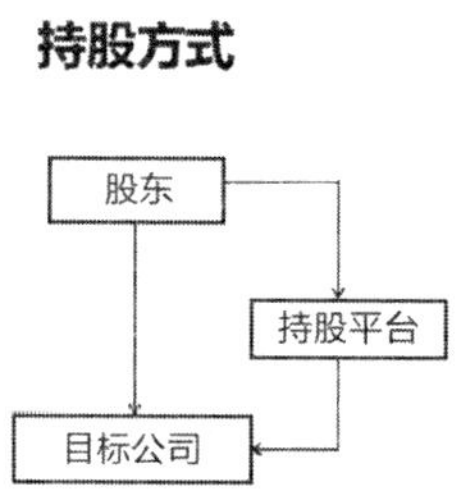

图3-1　直接持股方式与间接持股方式示意

（三）按股份来源划分

股份来源是指用于激励的标的股权通过什么方式由激励对象获得。这里的标的股权指的是实股股权，不可能是虚股。标的股权的来源一般为存量转让或者增量发行，也有的是上述两种方式的组合。

存量转让是指企业原股东（一般是控股股东、大股东）向激励对象转让自己所持有的本企业部分股权。股权转让后，企业的股东结构发生变化但注册资本总额不增加。在此种方式下，激励对象付出的股权价款进入原股东个人（或机构）账户，原股东现金总额增加，企业的现金总量不因此发生变化。存量转让存在因股权转让而需要缴税的问题。

增量发行是指由企业向激励对象直接（或间接）发行新股，激励对象向企业进行出资的方式。增发股份后，企业的股东结构发生变化，而且企业的注册资本总额增加。在此种方式下，激励对象付出的股权价款进入公司账户，企业的现金总量因此而增加。此种方式不涉及税收问题。

（四）按照股权激励对象购股资金来源划分

股权激励对象购买激励性股权的资金按其来源可分为自筹或融资。自筹就是由激励对象自己筹集全部购股资金。融资是指由本企业或控股股东或金融机构向激励对象借贷全部或部分购股资金。

（五）按是否有股份处置约束机制划分

企业实施股权激励一般都会对激励对象设立一定的约束机制。当然，也有企业对激励对象不提出任何约束要求。据此，可以把股权激励分成有约束机制的股权激励和无约束机制的股权激励。其实，所谓无约束机制的股权激励也要受到国家法律法规的约束，只是企业不再额外增加约束条件罢了。

根据企业管理的需要并且遵循激励与约束相结合的原则，一般来说，企业应当对激励对象设立约束机制。有约束机制的股权激励一般会限制激励对象如下股东权利：股权转让权、质押权、表决权、收益权、继承权等等。

股权激励约束机制设计案例

激励对象所获得的实股（现股）自签订《××公司员工股权激励合同》之日起3年内不得转让、质押。如果发生以下情况，激励对象不再获授激励性红利、股权；同时，该激励对象必须按当时每股净资产额价格将已拥有的全部实股股权转让给股权激励工作小组指定的人员：

（1）激励对象未经公司同意，擅自离职的；

（2）激励对象投资或加入（包括从事兼职）与公司有竞争关系的其他公司而被辞退时；

（3）当激励对象严重失职、渎职给公司造成损失而被辞退时；

（4）当激励对象由于索贿、受贿、泄露公司技术/商业秘密或损害公司声誉等行为给公司造成损失而被辞退时；

（5）激励对象严重违反公司规章制度或其他严重过错而被辞退时；

（6）激励对象因违法犯罪行为被判处刑事责任时。

三、定价

定价指的是确定激励对象获取激励性股权的价格。一谈到定价，必然会产生这样一个问题——到底该不该向员工收钱？现实中有人认为员工对企业的贡献很大，获得股权激励就不应再付钱了，确实有企业免费向员工赠股；另一些人则认为，员工已从企业获得工资、奖金、保险福利收入，获得股权后还会有增值收益，因此认为员工应当付款购买股权。

笔者认为，在经济领域应当遵守等价交换原则，天下没有免费的午餐。因此，员工获得股权就应当支付相应的对价。但是，具体的支付方式要具体问题具体分析，不能简单地说股权激励对象没有付钱获得股权就是不公平的。

激励对象为企业做出的贡献可能包括完成本职工作基本业绩指标，也可能超过本职工作基本业绩指标，甚至完成非本职工作对企业产生重大贡献。企业给予激励对象的回报包括但不限于基本工资、奖金、福利待遇、临时补贴、激励性股权等。股权激励仅仅是企业综合回报中的一项，它必须结合其他回报的具体情况来确定自身是否需要定价以及价格高低。例如，激励对象的薪资水平如果低于市场平均水平，说明他们在目标企业获利远低于贡献，这时给他们的激励性股权定价就要低，如原始出资价格1元/股；如果薪资水平高于平均水平，说明他们在目标企业获利接近贡献，那么给他们的股价就要高，如高于每股净资产价格，甚至是每股公允价值。如果激励对象的薪资水平稍低于平均水平，那么就可以按照每股净资产价格来定价，它一般既高于每股1元的原始出资价格，又低于评估后的市场公允价格，有些接近半卖半送。现实中，很多企业做股权激励就是以每股净资产价格定价的。

在股权激励过程中总要牵扯到股权估值问题，它是股权激励定价的一个重要依据。

企业的估值有三大类。

第一类是原始出资价格。在工商局注册公司时是1块钱出资登记为1元注册资本，因此原始出资价格就是每元注册资本1块钱（也可以理解为每股1块钱）。

第二类是按照每股净资产定价。例如，公司净资产总额120万元，实收资本100万元（股），那么每股净资产就是120万元÷100万股=1.2元/股。

第三类是按照估值法进行公允价值估值，它又分成相对估值法和绝对估值法。相对估值法一般是以市盈率法计算，它的公式是：净利润总额×市盈率÷实收资本总额。这里的市盈率值你可以参考同行业上市公司确定，例如，你这个行业的上市公司的平均市盈率是30倍，你的公司是一家非上市的小公司，那么市盈率可以确定为10倍。最近一年你公司的净利润是35万元，再假设你公司实收资本100

万元，那么你公司每股价格为：35万元×10÷100万元=3.5元/股。按照估值法所评估的股价应当是股份的公允价值了，一般就是股权价格的上限了。相对于没有利润的企业还可以用可比市销率、市净率来估值。绝对估值法涉及运用高等数学公式进行计算，一般是专家对企业估值才用得到，作为一家小企业搞股权激励就不必用这手段了。采用估值法评估出的股权价格在理论上反映了市场对企业价值的认可程度，因此可以被称为“公允价值”。

四、定量

股权激励定量就是确定给予激励对象的激励性股权数量。包括确定总量和确定个量。总量指的是某一次针对全体股权激励对象所提供的股权（包括期权或分红权等各类股权激励工具）数量，如鸭梨公司在2017年1月针对5名员工授予50万份股份期权。个量是指某一次给予某一名激励对象的股权数额，如鸭梨公司在2017年1月给予公司技术骨干马艳丽15万份股份期权。

股权激励定量有没有统一标准呢？市场上各方人士关于股权激励定量众说纷纭，有的说没标准，有的说有标准，比如销售骨干应拿1%，技术骨干应拿0.5%……其实回答这个问题也不难，我们只要问一下：天下有完全一样的两家企业吗？答案显然是否定的。

由于创业公司之间在初始投入、老板和员工的综合实力对比、所在行业及地域、企业估值等方面千差万别，因此对应该给予哪些员工股权激励、具体采用哪种股权激励工具、给大家分配多少股权、每个员工应分配多少股权这些问题不可能有一个放之四海而皆准的硬性标准。

股权激励定量没有统一标准，但有基本公式。这个公式就是按照员工贡献值确定股权激励数量！这个基本公式的意思是：企业的价值（指的是企业的净利润或企业的估值）源于物质资本投入（包括但不限于现金、实物、土地使用权、房屋、设备、知识产权）和人力资本投入（蕴藏于人体之中的知识、技能、健康及意志品质的综合），每一方投资主体根据自己的投入给企业创造的价值多少来享有企业给予的回报。例如，甲公司做互联网视频运营，物质资本所创造的价值占20%，人力资本所创造的价值占80%，物质资本投资人和人力资本投资人据此分享企业的价值回报——占有股权、获得分红。需要注意，在人力资本投入中，创业企业的创始人一般占有绝对优势，其次才是骨干员工。老板既是物质资本的出资者，更是人力资本的主要出资者，老板的人力资本在经济学上称作企业家才能！普通员工一般没有多少人力资本，对他们以工资奖金激励即可，不适合股权激励。股权激励的对象应是具有较多人力资本的骨干员工。

明白了股权激励定量的基本公式，只要计算出员工在企业价值贡献中的占比就可以确定给予他们的股权激励数额了。员工一般靠人力资本出资，物质资本出资很少，甚至没有，因此确定员工的贡献就是确定人力资本贡献。这里再次强调：由于创业企业每家各异，每一名员工的表现也不一样，因此每个员工所应获得的股权数额应是不同的。比尔·盖茨认为优秀软件工程师有可能比普通软件工程师强一万倍！所以，优秀员工所获得的股权比一般员工多很多倍也是正常的。谁敢确定下一位新员工不是乔布斯呢？评估员工的贡献值是一件非常重要而且困难的管理工作，需要企业建立科学严格的人才评价体系。有了对人才的科学评价，股权激励定量难题就迎刃而解了。

员工之间的贡献值相差悬殊，根据价值贡献法一般都是先确定每个人的贡献值，也就得出来给每一个人的股权激励总量；把给予每一个人的股份总量相加就得出了股权激励总量。由此可知——股权激励总量不应是人为预先设定的，而应当是建立在科学的个量估测之上的。

价值贡献法是一种理论性股权激励定量方法，建立在严格的人才评价体系之上，不容易计算，管理成本也很高。作为综合实力弱小的创业企业很难建立严格的人才评价体系，也很难去用高等数学公式精确计算出每名员工的具体贡献。其实在实践中创业企业老板和员工通过拍脑袋和协商就把股权激励的量搞定了！如果双方出于诚意，其结果往往很好。我们把这种方式定义为感性定量法。它指的是老板不必过于纠结把股权激励搞得过于精确，而是根据自己对员工贡献的粗略评估大致确定给一个员工的股权数额，对于这个分配额被激励员工同意，其他人不反对，那么这么做股权激励定量就很好。

对于没有股权激励实战经验的企业，笔者特别建议采用“由浅入深法”进行股权激励定量，即先定一个起步量，比如销售状元给0.5%、技术发明人给1%……（请注意这个量是根据自己公司实际情况试着定的，绝不是什么行业标准，千万不要照抄照搬！）而后根据企业的发展情况、员工的表现和感受，逐年进行增减。股权激励不仅仅是一个纯理论问题，更是一门实操的艺术，在某种程度上就是“摸着石头过河，跟着感觉走”。随着不断应用，老板和管理团队对股权激励这个管理工具就会越来越有感觉。创业企业规模小、人员少，大家聊一聊、拍拍脑袋、各方满意，这样得到的结果就是最好的股权激励定量方案。

五、定时

定时指的是股权激励的具体时点和约束期间。

股权激励的具体时点指的是企业何时开始做股权激励。很多企业主误认为等到企业发展得比较好了才可以做股权激励，否则对员工没有吸引力。这真是本末倒置了。企业在创业初期或者规模不大时，缺资金、缺品牌、缺人才，这时靠发现金报酬是发不了多少的，也就很难靠现金报酬留人。这时，企业没办法只能拿股权留人，当然绝大多数人会不感兴趣，但是不能排除会有人感兴趣，哪怕是一两个人。这样的人一定是能和企业同甘共苦、长相厮守的员工，能用股权激励到这样的员工就是一件大好事。美国的谷歌、微软、思科等高科技公司创业时就在车库里，哪里发得出高现金工资，只能靠发股权画大饼了。愿者上钩嘛。

股权激励的约束期间指的是对于激励对象处置股权（主要是对外转让）约束期限的限制。例如，员工在3年内不得转让股权，离职后需要以原出资价格卖给公司大股东等。

六、定考

定考指的是要对激励对象完全获得激励性股权设定业绩考核指标体系。前文就说过：天下没有免费的午餐。企业向激励对象兑现激励性股权要以激励对象完成业绩考核指标为条件。

业绩考核要全面，既要包括个人业绩贡献，同时要兼顾团队精神等软指标考核。中小企业既要有业绩考核体系，又不要太复杂。做好绩效考核体系，是一件非常辛苦的活儿。

最后再提示一下，为了组织实施好股权激励的各项工作，公司应成立股权激励工作小组，组成人员包括大股东、CEO、人力资源部员工、财务部员工、行政部员工、外部专家顾问等。

还有，公司如果规模较小，股权激励方案就自己做了；如果规模较大，员工较多，建议你们聘请专业的股权激励辅导机构和人力资源咨询机构参与制订方案。

中小企业股权激励的重点是激励核心团队

柳传志讲，办企业的根本要诀是“定战略、搭班子、带队伍”。这里的搭班子就指的是构建企业的核心团队。企业的核心团队也可以称为领导班子、管理团队、高管团队等等。核心团队一般是以总经理为首的包括研发、生产、销售、财务、人事、行政等业务负责人的管理团队。一个好的核心团队的标准应当是大家目标一致、能力互补、协同配合。对其成员有着苛刻的要求，既要认同和领会企业价值观和战略，又要具备卓越的专业能力和高超的领导力。

核心团队对于中小企业具有极端重要的作用。一个企业是一个大团队或者说是一个大系统，核心团队就是这个大团队的大脑，决定着整个系统功能的发挥。因此，核心团队就是一栋房子的梁和柱，对于稳定房子起着关键的作用！如果核心团队不健全或者功能不强，那么就会导致整个企业大团队效率低下，工作质量差！核心团队成员的重要性远远超过一般骨干员工。这是因为一般骨干员工虽然身怀绝技、作用很大，但他的影响面仅仅是个人的；而核心团队成员却是主管企业某一子系统的负责人，他的好坏影响整个子系统，影响一大片。

我国有些中小企业存在核心团队不健全或者功能低下的问题。企业的股权结构十分简单，创业者或者称企业主基本上占有绝大部分甚至是全部的股权。绝大多数企业主掌握着企业全部的经营权，如果自己实在管不过来，就让自己的家人、亲戚来担当关键岗位的职务。这种一人身兼数职或者近亲繁殖，导致企业缺乏一支优秀的经营管理团队。在市场竞争日益激烈，经营决策与管理执行日益重要和艰巨的情况下，仅凭企业主的个人能力很难应付，必须构建专业化的经营团队，必须实现经营专业化，才符合企业发展的规律。同时也要看到，由于核心团队成员具有较高的人力资本，因此市场价格很高，对于力量微弱的中小企业而言，很难以优厚的待遇招揽到这些人才，这是无法形成优秀的核心团队的客观原因。

核心团队如此重要，因此股权激励的重点就应当是构建和激发核心团队。这样才能使股权激励效益最大化。而且，中小企业也只有通过股权激励才能吸引和最大限度激励合格人才。创业者在实施股权激励时首先盯着核心团队的岗位，对于在岗的人要让其安心留下，对于空缺的岗位要积极去搜索人才，并以股权吸引他们到岗。对于核心成员，特别要确定其认同企业价值观和发展战略，并具备专业技能和领导力。在对核心团队成员实施股权激励时量一定要大一些，这样激励效果才会明显。

中小企业股权激励常见问题及解决方案

2009年3月13日，《国务院关于同意支持中关村科技园区建设国家自主创新示范区的批复》发布，同意采取有力的政策措施支持中关村科技园区建设国家自主创新示范区，第一项支持政策就是开展股权激励试点。股权激励对高新技术企业的重要性得到了我国中央政府的确认！国务院把中关村作为股权激励试点区域，其目的是希望中关村高新技术企业先行先试，取得重大成果后，要向全国推广。自国务院批复后，中关村园区高新技术企业掀起了开展股权激励的高潮，至今已取得了很多成绩：北京市有14家国有单位作为第一批试点搞股权激励，正在积极制订本企业的股权激励方案；随后，在京中央单位又开始了报名试点。受国务院批复的号召和众多国有单位进行股权激励试点的影响，越来越多的民营高新技术企业也开始实施股权激励。

其实股权激励对于中国企业尤其是高新技术企业已不是什么稀罕物。受美国硅谷高科技企业的影响，20世纪90年代初期，以联想、四通为代表的民营高科技企业已经开始了股权激励的尝试，有很多企业都获得了成功，但是就总体规模而言，还处于原始阶段。例如，美国硅谷90%以上高科技企业具有股权激励安排，而中国“硅谷”中关村科技园区2万余家高新技术企业有正式的股权激励安排的不到5%。那么，为什么盛行于高科技行业的股权激励制度没能在我国民营高科技企业大规模推广起来呢？长期从事股权激励研究、推广的邱清荣律师结合自己的实践经验，总结出以下制约中国民营企业股权激励发展的主要问题。

一、对股权激励的重要性认识不足

时至今日，某些中小企业主对于股权激励的重要性仍然认识不足，其实这暴露出企业主对于人才的重要性认识不足、对于团队的重要性认识不足、对于共享合作制度的认识不足。

中关村科技园区有一家做环保设备研发、生产的公司，企业的创办人是一对夫妻，先生抓技术和市场，太太抓财务和行政，公司的技术和产品很符合市场需求，企业迅速发展壮大。但是夫妻两个十分害怕核心技术外泄，因此从不培养研发人才、市场人才。由于市场需求变化快，企业没有强大的研发和销售团队，他们的产品创新速度慢，很快就被市场给抛弃了。

通过以上案例可以看出这对夫妻坚持自己控制一切不容他人插手的陈旧理念，不重视人才的培养，没有形成一个强大的核心团队，更不可能做到与他人共享收益，因此企业始终依赖夫妻两人，不可能产生强大的可持续创新能力。面对竞争日益残酷的市场，深受封建思想文化残余影响的中小企业主，必须战胜自己，充分尊重人才、尊重团队，学会合作共赢。

二、对实施股权激励目的存在理解偏差

很多中小企业主对于实施股权激励的目的存在理解上的偏差，这给股权激励的实施带来很大阻碍。

中关村某家高科技企业准备在中关村三板挂牌，该公司只有3个股东，由于考虑到挂牌上市后股份会有较大增值，企业主认为这是一个为大家谋利、鼓舞士气的好机会，于是在改制过程中突击吸收近40位员工入股，其中入股最少的只有3000多股，占公司股本总额万分之一强。该公司刚刚在中关村三板挂牌，便有个别小股东以急需用钱为由要求企业主收购自己的股份，然而根据《公司法》的有关规定，有限责任公司变更为股份有限公司后一年内，发起人不得转让股份。这些员工都是在改制过程中入股的，因此都是发起人，所以无法立即转

让股份。企业主被逼无奈，只得先以自己的钱借给员工。但是这家企业在股权结构方面多少留下了一些隐患，有可能形成未来转入创业板的阻碍。这家企业在实施股权激励时所犯的错误是，把股权激励当成了员工福利，根据利益均沾的原则，鼓励大家入股，而个别员工对股权激励缺乏认识，只图眼前利益，不愿与公司长期发展，当发现不能及时变现时，便要求退股。

实际上股权激励属于长期激励的一种形式，它的直接目的是吸引和激励优秀人才，充分调动其工作积极性，构建一个充满活力的、忠诚的、团结奋进的魔力团队；它的终极目的是提升企业竞争力、创造优异业绩，实现可持续发展。显然股权激励的目的并不是为员工提供福利待遇。

三、企业主不诚信导致股权激励失败

决定股权激励成功的最关键因素还是企业主的诚信。这是因为，股权激励是长期激励，对于被激励对象而言具有收益不确定性的特点，员工信任度低，如果企业主不诚信，员工就不会相信企业主真的在搞股权激励，企业主的不诚信包括不诚实和不守信。

不诚实是指企业主根本不想实施股权激励，仅是在编故事蒙骗员工多干活或者干脆蒙骗员工向自己的企业投钱。中关村园区某生物科技公司的企业主魏某感到企业流动资金暂时困难，于是打起了全国各地20余家分公司经理的主意，他以总部的名义要求各分公司经理投资入股总公司，分公司经理虽然半信半疑，但为了给老板“面子”保住自己的位子，都出了一些钱。魏某收到钱后便放到总公司充当流动资金，始终不为分公司经理办理工商登记手续。后来借故工商登记不便而采用“虚拟股权”处理，但是分公司经理从来就没开过股东会、行使过任何股东权利，更没有分过红。最后，这些分公司经理不是掏空分公司走人，就是敷衍了事。在本案中，魏某打着股权激励的旗号，却向员工行圈钱之事，典型的不诚实，这样做不但起不到激励员工的作用，反而会给企业带来更大的危害。

不守信是指企业主未按照预先约定向员工兑现股权，或者虽使员工获得股权但并不以股东对待。某些企业主结合绩效任务许诺给予员工一定的股权，但当员工出色地完成任务，兴高采烈地找企业主领受股权时，常常有企业主变得犹豫起来，要么少给，要么一笔勾销。前述不兑现的情况往往属于极端情况，大多数企业主还是不把员工股东当股东来对待。中关村园区的一家新材料公司的老板张某，通过股权转让等方式使得5名新员工拥有了该公司23%的股权，这5名员工也成了公司的股东。依照《公司法》的规定，股东享有资产收益、参与重大决策和选择管理者等权利。但是，该公司大事小情都是张某一人定，从未召开过股东会、董事会，公司的财务由张某的夫人控制，对于任何财务信息都不向员工股东透露，大家连公司是否盈利这样的信息都无法获得。这些员工股东名为股东，实际不享有任何股东权利，这样的股权激励不仅激发不出员工的工作积极性，反而使大家有被侮辱愚弄的感觉，因此，很快这些员工就离开了这家公司。张某明明吸收员工做股东，却不把他们当股东对待，他的行为就是典型的不守信。

股权激励是典型的“企业老板工程”，只有企业主自身真诚守信，才能保障股权激励的成功。

四、选择激励对象不当造成股权激励失败

在股权激励的实际操作中最难的一项工作要数选定股权激励对象了，很多股权激励失败案例就缘于错误地选择了股权激励对象。

海淀园区的一家动漫公司，注册资本300万元，公司大股东、总经理刘先生想寻求一名技术总监，经朋友介绍认识了一名留学英国的博士“海归”王某，王某把自己很好地介绍一番，打动了刘先生，当即决定聘他担任技术总监并给他40%的股权，王某以外出寻找设计方案为由，卷款60余万元不归，刘先生只得向警方报案，抓住此人后才发现是个假海归，其卷走的钱已挥霍掉50万元。

上述案例中，总经理刘先生错误地选择王某作为股权激励的对象，不仅没能从王某身上获得什么收益，反而损失了50万元宝贵的资金，可谓教训深刻。企业主在选择股权激励对象时应坚持以下原则：（1）被激励对象一定要和企业主的经营理念高度一致；（2）被激励

对象诚实可靠；（3）被激励对象对企业主和企业高度忠诚；（4）被激励对象具有高度的团队精神；（5）被激励对象业务能力强；（6）被激励对象自愿成为公司股东；（7）每次确定被激励对象人数尽量精减；（8）分期分批发展被激励对象，不要搞一次性突击。

那么，如何才能正确判断一个人是否符合被激励对象的条件呢？实践经验告诉我们认清人的本质是一件很难的事情，真的没有什么省时省力的好办法。企业主必须长期考查企业员工，在一个锅里吃饭，在一个战壕里打仗，路遥知马力，日久见人心。

五、股权激励没有与绩效考核有效挂钩

某软件公司老板赵某感觉到激励销售总监李某的工作积极性十分重要，于是十分慷慨地一次性向李某赠予了20%股权，同时希望李某努力工作，李某十分高兴，向赵某发誓要干得更精彩。但是，赵某未和李某签订任何关于绩效考核的书面协议。时间久了，李某的工作热情逐渐消失，销售业绩平平。面对此种情况，赵某无计可施。在本案例中，赵某犯的错误就是没能把股权激励与绩效考核有效挂钩。赵某将20%股权一次性赠予李某，没有任何绩效约束，使得李某没有压力，怎么会努力工作呢？

股权激励并不是使员工获得股权就了事，它是一套严格的管理制度体系。激励对象获得股权是有条件的，必须和企业或企业主签订

《股权激励合同》，在这份合同中要约定绩效考核指标和考核标准，激励对象只有在不断完成绩效指标的情况下，才能获得相应数量的股权，完不成工作任务就不能获得相应的股权。只有这样做，才能激励员工持续努力工作。

六、股权激励方案不规范，阻碍企业长远发展

绝大多数企业搞股权激励，都有未来去资本市场上市的目标。但是，上市标准十分严格，如果股权激励方案不规范，势必会影响企业上市。在我们接触的大量案例中经常出现两种情况——隐名持股和虚拟持股。

隐名持股是指投资人向公司投入资本但以其他人名义登记为股东的行为。我国采用的实名登记制，对于隐名股东一般认为是规避法律的行为，因此不承认其股东身份。《首次公开发行股票并上市管理办法》（证监会32号）第十三条规定：发行人的股权清晰，控股股东和受控股股东、实际控制人支配的股东持有的发行人股份不存在重大权属纠纷。公司存在隐名股东，很可能被监管机构认定为公司具有潜在的权属纠纷，这样的企业是不会被批准上市的。

虚拟持股是指投资人向公司投入资金，公司向投资人签发股权证明但不进行工商登记的行为。由于未经过工商登记，投资人与企业之间可能是股权关系，也可能是债权关系，一旦投资人与企业或股

东发生分歧，纠纷随之而起，这一定会成为企业在上市过程中的一大障碍。

企业存在隐名股东、虚拟持股情况，常常会造成投资人数众多、投资数额巨大的情形，这样就有可能导向非法集资，企业主将会承担相应的民事、行政责任甚至刑事责任。

为避免发生法律纠纷和承担法律责任，股权激励方案一定要合法规范，最好在专业律师的指导下实施。

中小企业如何成功实施动态股权激励?

股权激励对中国企业早已不是什么新鲜东西，我国中小企业中实施股权激励的也不在少数，但是获得成功的可谓凤毛麟角，这是为什么呢？

一、以往股权激励实践的不足

为了回答上述问题，我们先要考察一下中国中小企业是如何实施股权激励的。中小企业主大多通过向员工出售股权、赠予股权或分红权的方式实施股权激励。上述方式并无不当之处，出问题的是股权激励的连续性问题。中小企业主大多都是偶然地、随机地向员工提供一次或数次股权激励，很少有建立持续、稳定的激励制度的。大多数中小企业主都认为给某个员工一次股权激励就算到位了，不需要再搞了。这种一次性的股权激励缺乏持续性、变动性，因此我们把它叫作静态股权激励。静态股权激励存在着致命的问题，而这个问题就是导致股权激励不能成功或者不能取得预期效果的原因。

那么静态股权激励存在什么致命问题呢？

静态股权激励存在的致命问题就是不能满足人力资本持续性回报的要求！企业的资本是由物质资本和人力资本共同构成的，是资本就有回报的要求，物质资本有回报的要求，人力资本也有回报的要求。资本回报一般包括两类：红利回报和资本增值回报。当今社会只在理论上、现实生活中承认了人力资本的存在，并没有在法律上承认人力资本。因此，物质资本的回报有法律保障，而人力资本的回报却没有法律保障。

在现实社会条件下，人力资本可以直接实现红利回报。例如，明清晋商的身股制和西方市场经济国家的利润分享制。但是人力资本无法划分成等额股份在资本市场直接交易，也就无法享受资本增值收益。为实现人力资本的资本增值回报只能走迂回的道路——把人力资本收益转化成物质资本，以此部分物质资本增值收益作为对人力资本增值收益的补偿。假如某企业现在实施了静态股权激励，把人力资本过去应得的回报予以兑现，那么企业应当向人力资本所有者支付现金红利，然后，人力资本所有者以所获得的红利购入本企业一定数额的股权。这里的购股价格应当是购买股份时企业的公允价值。这样，人力资本所有者即员工已具有了双重身份，既是物质资本的所有者，又是人力资本的所有者。

在实施了前述股权激励后，该企业对于未来是否继续实施股权激励、如何实施股权激励没有任何确认。人力资本所有者的物质资本未来回报是有法律保障的，但是人力资本未来回报仍不能有法律保障。在进行静态股权激励时存在的认识误区是：把由人力资本的物质回报（红利或者工资）所转化成的物质资本（本企业的实股股权）当成了对全部人力资本的回报。其实这种回报，至多是对人力资本过去应得回报的变现，人力资本仍然存在，对未来的企业业绩仍可能继续发挥作用，它仍有价值就会仍有回报要求。但是静态股权激励却以人力资本所有者人力资本过去的物质回报泯灭了其未来回报要求。这是严重侵犯人力资本所有者自身合理利益的行为，当然会降低其工作积极性。

举例来说，员工李想（化名）在至新公司工作已满3年，在2018年3月获得了2017年度30%的红利10万元，并以5元/股的价格转为至新公司2万股股份。员工李想过去的人力资本贡献便已物化为2万股物质资本。2018年度结束后，李想可通过2万股分取红利5万元，股价增值到10元/股而预期获得股权增值回报10万元。但这些收益都是物质资本2万股本身应得的，跟李想的人力资本再无任何关系（收益回报总额和李想的人力资本发挥状况有一定关系，人力资本越积极发挥作用，企业的业绩越好，物质资本所获得回报的绝对额也就越高）。在2018年度，李想所拥有的人力资本并不因为持有2万股物质资本而消失了，相反由于有了物质资本的支持、更多的工作经验，人力资本变得更为强大，其对工作业绩的贡献更大，其本身有权分红20万元。李想会继续要求公司对其人力资本给予分红回报，同时转为公司股权。但至新公司实施的是静态股权激励，在2018年度不再搞股权激励，甚至未来也不知道什么时候再搞。这样，李想的人力资本就失去了2018年的回报，2018年以后的回报也没了保障。因此，李想的劳动积极性受到了极大的挫伤，从2018年开始，劳动热情呈垂直下降趋势。

通过前述分析和示例可知，即使对人才进行了静态股权激励，但如果不能对其人力资本未来回报提供保障，人才发挥自己人力资本作用的积极性就会降低甚至消失。由于已有了物质资本回报，外加工资、奖金，人才反而不需要付出太多就可以收获很多，这会反向激励人才“偷懒”。因此很多人都在说，有了股权激励，员工可以躺在自己的股权上睡大觉、吃老本，反而变懒了。这就是静态股权激励的不足之处，也是大多数企业不能成功实施股权激励的根本原因。

二、建立动态股权激励是中小企业成功实施股权激励的前提

认识到静态股权激励的不足，就找到了成功实施股权激励的钥匙——建立动态股权激励是企业成功实施股权激励的前提。那么什么是动态股权激励呢？动态股权激励就是企业在每一阶段根据员工人力资本对企业的贡献数额、企业的经营业绩、员工人数等变量的变化而不断调整授予该员工激励性红利或由该部分红利转换成一定量本企业股权的持续性长期激励模式。

与静态股权激励相比，动态股权激励能够满足人力资本持续性回报的要求！如果企业实施的是动态股权激励，每年均要核算出物质资本和人力资本对企业的贡献比，从而确定各自所对应的红利分配比例。然后再根据每名员工当年的业绩贡献为其安排相应数量的人力资本分红。为奖优罚劣，企业可让员工之间在人力资本分红上保持一定的竞争关系，业绩好的就多获得人力资本分红，而业绩差的就少获得或者不获得人力资本分红。这样员工每年的业绩贡献就与人力资本每年的回报挂钩了。一定要注意：这部分回报属于员工人力资本回报，不属于员工所拥有的物质资本的回报。

举例来说，至新公司在2017年颁布并实施《至新公司股权激励管理制度》，该制度规定：公司每年度净利润由员工人力资本创造的部分奖励给公司当年综合评分前10名的员工，并以该年度结束时每股估值价格转为至新公司的股权。

员工李想已持有至新公司50万股股权，由该股份而获得2017年分红20万元。李想在2017年度综合评分75分，位列全体员工第三名，占总评分的20%。至新公司2017年度净利润500万元，人力资本回报额为350万元，李想应得70万元，该70万元按照每股5元的价格转为14万股至新公司股份。在2017年度，李想获得物质资本收益20万元，人力资本收益14万股。

员工李想2018年度综合评分88分，位列全体员工第二名，占总评分的16%。至新公司2018年度净利润800万元，激励额为500万元，李想应得80万元，该80万元按照每股8元的价格转为10万股股份。另外，李想已持有的64万股股份获得了30万元的分红。在2018年度，李想获得物质资本收益30万元，所持实股股份股价升值预期192万元[①]，人力资本收益10万股。

在前两年的激励下，李想的干劲儿更足了，力争2019年有更好的表现。

通过前面的分析与示例，可以看到通过动态股权激励，人才的人力资本得到了持续的回报，人才的工作积极性得到了充分的调动和发挥。

在中小企业建立和有效实施动态股权激励是一项巨大的系统工程，也就是说，只有建立了动态股权激励系统，才能成功实施动态股

① 64万×（8−5）=192万元。

权激励。动态股权激励系统是指为成功实施动态股权激励而由企业所建立的由股权激励管理机构、股权激励管理制度、股权激励运行等相关部分组成的，有机联系的股权激励系统。

三、中小企业如何建立动态股权激励系统

（一）建立动态股权激励系统的前提条件

1. 对企业的要求

企业必须执着于一项具有市场前景的主营业务，拥有自主知识产权产品研发、生产能力，拥有自主品牌。在经营管理过程中对于知识、技术和人才的依赖性很强。

2. 对企业主的要求

企业主有把企业做强做大的事业心，有做“百年老店”的愿望，有通过诚实劳动致富的谋财信仰，充分认识知识和人才的重要性，充分尊重人才，充分认识团队的重要性。

3. 对激励对象的要求

能够成为激励对象的员工即人才首先必须拥有较多的人力资本，业绩卓著，其次激励对象应当与企业的发展战略具有高度的认同度、对企业忠诚度高，最后激励对象必须自愿与企业出资人共担风险——同意领受较低的工资、福利等日常性固定性收入。

（二）建立强有力的工作机构

中小企业如果想成功实施动态股权激励，一项重要的任务就是建立强有力的股权激励工作机构，选拔优秀的专业人才在其中任职。有了专门负责的机构和人员，才能真正推动动态股权激励系统的成功建立和运行。中小企业一般应成立董事会领导下的股权激励工作小组，其组成人员由董事会从下列人员中任命：公司股东、董事、监事、经理、副经理、董事会秘书、财务人员、人力资源人员、外部专家顾问，董事长指定其中一人为组长。股权激励工作小组职责包括：起草《公司股权激励管理制度》并提交董事会审核；根据《管理制度》考核激励对象绩效指标完成情况，拟订、修改《年度股权激励方案》，并报董事会批准；实施《年度股权激励方案》；负责实施《股权激励管理制度》的日常管理工作；向董事会和监事会报告执行股权激励制度的工作情况。

（三）制定科学严谨合法的股权激励管理制度

为了成功建立动态股权激励系统，中小企业应当制定科学严谨的股权激励管理制度体系。在这个制度体系中，《公司股权激励管理制度》是全面规定公司股权激励各项重要规则的“根本大法”，起着统率全局的作用。它的主要内容包括：制定股权激励管理制度的机构、职责，制定股权激励管理制度的程序，设计股权激励管理制度的基本原则，实施股权激励的原因、目标、基本原则，激励性股权分配规则，公司治理结构安排，年度股权激励方案的制订，员工、激励对象权利保障，激励性股权变动的规则，股权激励责任制度。

股权激励管理制度的内容必然涉及《公司法》《证券法》等广泛的法律法规，涉及众多法律关系，稍有不慎，就可能“触雷”，在这方面失败的案例比比皆是！例如，为规避有限责任公司股东人数上限50这一《公司法》强制性规定，很多公司采用委托持股的方式，俗称“代持”。这种做法是不合法的，很可能造成股权纠纷，而且具有委托持股情况的公司是不能上市的。与国家现行法律法规相冲突的企业股权激励管理制度是不科学、不可行并带有重大隐患的股权激励制度，这样的股权激励制度往往给企业帮倒忙。在制定企业股权激励管理制度体系的过程中要高度注意合法性问题。

（四）遵守严格的决策程序

对于建立动态股权激励系统方面的重大问题，如制定《公司股权激励管理制度》《年度股权激励方案》等，一般应遵循股权激励工作小组提出草案—董事会审核—股东会（股东大会）批准的程序。

（五）严格执行股权激励管理制度

企业已经建立了完善的动态股权激励制度，还需要严格贯彻执行。在执行中尤其要注重以下几方面：

第一，精确考核员工的业绩贡献。这是执行股权激励管理制度的难点所在，但只有精确、公正、持续地考核每名员工的业绩贡献，才能够为成功实施动态股权激励提供科学依据。

第二，依约兑现。每一年度结束后，企业必须根据本企业股权激励管理制度的规定，以及与激励对象签订的《员工股权激励合同》的约定向激励对象兑现激励性股权或红利。员工获得股权的，企业应当及时办理工商登记手续。

第三，规范公司治理，保障股东权利。激励对象获得股权后，其身份发生了变化，不仅仅是公司的员工，同时还是企业的股东。根据同股同权的原则，激励对象也应当充分享有股东权利，包括但不限于知情权、表决权、收益权等权利。唯有如此，才能使激励对象感到自己真正成为企业股东，企业是出于诚心在切切实实实施股权激励。

对“空降兵”如何实施股权激励?

现在有很多老板都希望通过挖“空降兵”（企业外部人员）来填补自己的人才缺口。为了引来这些“空降兵”，往往要动用股权这一人才激励“核武器”。但是，降落之后，“空降兵”的表现却往往不令人满意，于是大家认为股权激励不灵了。到底是不是股权激励对“空降兵”不灵了呢？

股权激励是团队建设的一种有力工具，老板运用股权激励是为了发展合伙人，构建合伙人团队。某个人是否能成为合伙人，必须满足合伙人的条件，即价值观相同，专业优势突出并与团队其他成员互补。一个人的专业能力是比较好观察和判断的，但是一个人的价值观却是十分难观察到的，这就是古话所说的“画龙画虎难画骨，知人知面不知心”。“空降兵”是从企业外部来的人，老板对他不了解，贸然给他股份，把他纳入合伙人队伍，很可能时间长了“空降兵”就会暴露出在经营管理理念和利益分配观上与老板存在巨大分歧，这时大家往往会不欢而散或发生争执。有没有股权并不能改变一个人的价值观，所谓“江山易改，本性难移”。股权激励不是万能的！合伙人之间不认同，轻则分裂，重则相互争斗，而创业企业实力微弱，对其危害尤为严重。因此，对“空降兵”的认识不足或认识错误才是导致老板与其合作不佳的根本原因，绝对不是股权激励“惹的祸”！发展合伙人最好的渠道是从本企业的老员工中挖掘，这是因为大家长期在一起相处——在一个锅里吃饭、在一个战壕战斗，才能对彼此有深入了解，从而对于隐藏最深的价值观问题能有较为准确的把握，这就是古语所云：“路遥知马力，日久见人心。”王石与郁亮进行了11年的“并肩战斗”才把万科总经理大权交给郁亮；柳传志对杨元庆考查12年之后才把联想集团的帅印交给他；经过20年的考验，何享健将美的集团董事长职位让给了方洪波。

挖来“空降兵”委以重任的问题暴露出公司人才储备不足，老板平时不注重人才培养。发现和培养人才是老板需要长期持续坚持的一项重任，否则“现上轿现扎耳朵眼儿”，以简单的拿来主义从外部挖“空降兵”，企业将会承受巨大的风险。在人才培养上没有捷径可寻，一分付出，一分收获。当然，即使企业进行了充分的人才储备，也难免会在某时缺乏某类特殊人才，这时再培养人才是来不及的，必须从外部招收一些新人来补充空缺。这些人有的在市场上表现突出，如果老板不能以股权招贤纳士，很难获得这些人才的芳心，一味要求考查一段时间再给股份，可能“空降兵”就不降落了。这也是很多老板以股权挖“空降兵”的理由。针对这个问题，建议老板和“空降兵”签订股份期权合同，并约定一年以上的等待期。这样一来，对“空降兵”有了股权安排，可令其安心；对老板来说，现在给的是虚股（股份期权），“空降兵”没拿到实股不能行使股东权利，因此不会影响公司治理，同时有充分的时间考查“空降兵”的能力和价值观。如果在考验期内，“空降兵”业绩突出并认同企业价值观，他就可以行权购买企业股份从而成为合伙人；如果“空降兵”业绩糟糕且不认同企业价值观，那么就不允许其行权购买企业股份。这对双方来说非常公平，为两方都留下了缓冲空间。

当然还有一种比较极端的情况，“空降兵”要求老板给实股、现股，否则就不来，而老板又非要请他来。这种情况下，如果满足其要求，意味着“空降兵”立即成为公司股东，他有权就公司经营管理和利益分配的重大问题发表意见和行使表决权，如果大家意见不统一，公司可能会出现内乱或僵局，甚至走向分裂。在这种情况下，建议老板判断“空降兵”是否有起码的道德底线——诚实守信，如果诚实守信就可以给实股，但要在股权激励合同中约定退出机制，约定“空降兵”业绩表现差或不认同企业理念的情况下需要以一定价格把全部股份转让给原股东；如果判断对方不能遵守诚实守信的道德底线，就不要允许他入股。如果给没有道德底线的“空降兵”实股，当他和老板发生分歧时一般不会主动退出，也很难通过协商达成退出条件，双方很可能对簿公堂，这样必会给企业带来很大干扰。

股权激励的目的是发展合伙人，合伙人的标准关键是价值观认同、业绩突出，而价值观是否相同、业绩是否突出必须在较长时间的共同工作中才能得到鉴别，对“空降兵”实施股权激励不灵的原因不在股权激励本身，而在于老板对“空降兵”是否具备相同价值观和突出专业能力判断不足或错误。我们的意见是：老板要慎用或者尽量避免使用“空降兵”，平时在公司人力资源建设上多花时间、多花精力、多花钱，才能在员工中不断培养出自己的合伙人。

第四章

从知名企业案例学习股权激励

正确的股权激励做法应当是在精选股权激励对象的前提下多多给每一个人发股权，使他们未来通过这些股权的变现可以成为同行业最富有的人。

阿里巴巴的合伙人制到底是怎么一回事?

自从2013年9月10日，马云披露合伙人制以后，社会上就掀起了合伙人制热潮。各种对阿里巴巴合伙人制的解读甚嚣尘上。2014年，阿里巴巴招股说明书详细披露了合伙人制的具体内容和运作机制。然而，从网络上看，大多数人对阿里巴巴合伙人制度还是没有做到真正理解。例如，合伙人团队持股数额到底是多少，几乎没有人说得清楚。此外，能够对阿里巴巴合伙人制本质机制进行深入分析的文章也很少，相反，大多数文章仅仅把阿里巴巴的合伙人制当成马云为控制公司而做的某种设计。可见，人们对阿里巴巴合伙人制始终是一知半解。我们反复研读了阿里巴巴招股说明书中与合伙人制相关的内容，对其合伙人制运作机制也有了较深刻的体会。

2014年9月19日，当阿里巴巴在美国纽约证券交易所上市时，全公司有30名合伙人。公司的股权结构如图4-1所示：

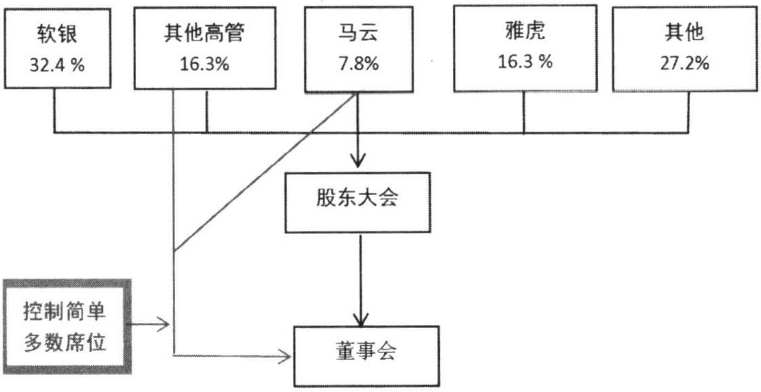

图4-1　2014年阿里巴巴股权结构

阿里巴巴合伙人团队只持有24.1%的股份，但却控制董事会多数席位。这就打破了同股同权的老规矩，美国证券市场接受同股不同权，而且还有不同股不同权等多种股权形式。中国内地资本市场在股权种类上还十分单一，不能满足企业创新发展的需要，尚须努力改革创新，尽早弥补差距。

阿里巴巴在选择合伙人时坚持价值观和人力资本的统一原则。马云对合伙人有这样的要求，“高度认同公司的文化”“愿意为公司文化和使命传承竭尽全力”。在阿里巴巴的招股说明书中关于公司文化有这样的描述：“我们认为我们的文化是使我们有能力和成功从事以下活动的基础：服务我们的顾客，发展我们的员工，给我们的股东带来长期回报。”这表明核心价值观对于发展企业具有基石性的作用。

马云所说的“具备优秀的领导能力”“对公司发展有积极性贡献”则表明了合伙人人力资本数量标准。这些要求反映出阿里巴巴合伙人的人力资本含量要十分高才可以。古语有云：“人生得一知己足矣！”合伙人高度稀缺，截至2017年年底，阿里巴巴员工总数为4.7万人，但合伙人也只发展到34人。发展合伙人必须长期考查，最好的途径就是从员工中发展。阿里巴巴规定在加入合伙人前必须在阿里巴巴工作满5年，就是遵循了这个原则。

阿里巴巴企业制度创新的要害不在同股不同权，也不因为仅仅叫合伙人制这么一个名字，真正的原因在于合伙人之间实行了一些重要制度。合伙人团队重大决策权分配的规则是由合伙人集体行使决策权、一人一票、少数服从多数。例如，在决定吸收新合伙人时，必须经全体合伙人75%以上表决票同意才能通过；在决定由合伙人团队推荐的公司董事候选人时，必须经全体合伙人过半数表决票同意才能通过。

阿里巴巴合伙人制度的具体内容可以反映出合伙人制的一般特征：合伙人之间是平等合作关系，组织地位完全平等。除了永久合伙人身份外，马云、蔡崇信和其他每一位合伙人都是平等的。大家不因持股数额、职务、资历的差异而产生法律地位的差异。这种制度直接废除了基于持股数量的法律特权！马云自己持有7.8%的股份，蔡崇信等17人也只持有略大于16.3%的股份，马云一人占全体合伙人持股比例的32%，但在合伙人团队内部行使表决权时，包括马云在内每人享有平等的一票表决权，表决权多少和合伙人持有公司股权多少没有一毛钱关系。这是摒弃了个人特权的真正的民主决策机制。如果没有合伙人之间在核心价值观上的高度一致，很难想象怎么能实施这样的制度。

也许有人会担心合伙人制的决策成本太高。这是一种错误认识。合伙人团队根据企业决策分权原则，仅针对公司战略性问题，如公司战略、重要人事任命等核心重大问题进行决策，不参与公司日常性决策。这种决策方式既保证了决策的科学性，又不增加决策成本。

现在有人动不动就说实施“合伙人制”，然后又高声号叫“一定要保护好控股权”，实在是无知和可笑。这种认识仅仅停留在合伙人制的低级阶段——法权至上的合伙人制。在这种合伙人制下合伙人之间依据各自所持股权的多少行使权利、承担义务，合伙人之间仍然是控制关系（雇佣关系或资本控制关系），当事人之间组织地位不平等。其决策方式是大股东行使决策权，实际上就是大股东独裁专断。

装修老板创业见成效，为分股权犯了难

3年前的一天，我们接了一个电话，对方说他叫刘子明，想咨询给员工分股权的事。

2011年，刘子明下海成立了一家装修公司，当时就他一个人。半年后，李立峰、郑林相继加入公司。这两个人，算是公司初创时期的元老。

经过数年艰苦创业，公司已初见成效：运营成熟，盈利尚可，市场良好，客户稳定，有员工18位，且业务和人员均在不断扩充中。

李立峰、郑林都是公司初创时跟随刘子明的，再艰难，都不离不弃。最开始就他们3个，最苦最累的活都是他们3个一起干。谈客户，设计方案，组织施工，工商税务，有啥干啥。

现在公司步入正轨了，李立峰、郑林一个负责施工，一个负责市场，都成为公司独当一面的骨干。

当时李立峰、郑林进入公司时，刘子明承诺过，他俩算是公司的创业元老，干好了，会给他俩股份的。现在他俩没明说，但有过暗示，认为公司已经进入盈利期，发展势头良好，是否可以兑现股份？刘子明也心存感激，认为李立峰、郑林和他一起患难与共，今天，也应该商谈股份了。

刘子明详细介绍了李立峰、郑林在公司的作用和贡献。

（1）公司发展到现在，所有资金均是刘子明出的，最困难时，刘子明抵押房产借贷、借亲友的钱，李立峰、郑林没有出资一分，当然也是因为他俩确实拿不出钱。

（2）李立峰、郑林在公司一直拿最低工资，且资金周转不开时，他俩经常三五个月都不拿工资。刘子明认为这也算是一种出资的方式。

（3）公司有今天，李立峰、郑林固然功不可没，但刘子明占了主要的因素，所有重大决策、经营方向和思路都是刘子明做出的，甚至公司70%的客户都是刘子明一手谈成的。刘子明比李立峰、郑林年长几岁，他俩叫刘子明哥。刘子明在公司算是比较强势的领导，从谈客户，到设计、施工等业务方面都是刘子明在培养他俩。公司初创时，基本是刘子明拿主意，冲锋在前，他俩听刘子明指挥，指哪儿打哪儿。但是李立峰、郑林确实也为公司付出很多，牺牲很多，加班从来没点，几乎没有休息日，也和刘子明共同承担了公司初创时的风险。

介绍完公司情况后，刘子明说：“邱老师，对李立峰、郑林这种公司元老，我想给股份，可是我本人是股盲，对股份、期权、原始股等不甚了解，到底该给他俩多少股份，我真拿不准。当然，我凭经验能感到分配股份的事不是小事，做好了公司会有更好的发展，做不好，反而会惹麻烦。我把握不好这件事，请您给指指道！”

通过刘子明的谈吐，感觉他是一位很有事业心和胸怀的创业者，对股权激励这件事态度很认真，我们愿意帮助这样的老板做好股权激励方案。

首先提醒刘子明：你的公司刚见成效，李立峰、郑林各自独当一面，对公司发展十分重要，现在是考验你的重大时刻，你的决策将决定你自己和整个公司的前程。为了保持公司的稳定和持续发展，在股权激励这件事上必须坚持公平原则，既要让李立峰、郑林二人高兴，也要让刘子明满意。为此，我们提出了以下意见。

一、必须向李立峰、郑林实施股权激励

确定股权激励对象的一贯原则——应当是具有丰富的人力资本，同时在核心价值观上与老板高度认同的人。

价值观是指个人对客观事物（包括人、物、事）及对自己的行为结果的意义、作用、效果和重要性的总体评价，是对什么是好的、是应该的总看法，是推动并指引一个人采取决定和行动的原则、标准，是个性心理结构的核心因素之一。价值观是一种基本信念，它带有判断的色彩，代表了一个人对于什么是好、什么是对以及什么会令人喜爱的意见。

价值观是成体系的，可以分为核心价值观和一般价值观。价值观相同强调的是核心价值观相同，即对重大事项的价值判断相同，并不是一般价值观相同。人们对人生价值的认识、对幸福的认识都属于核心价值观；人们之间的性格、日常爱好、生活习惯可能有很大差别，甚至是天壤之别，这些都属于一般价值观不同。一般价值观的差异并不能决定彼此合作的稳定性、持久性，核心价值观才是决定性因素。

一个人的价值观一经形成，终生很难改变，古语说："江山易改，本性难移。"这个特点决定了人们为完成事业要去找认同自己价值观，即志同道合的人，而不是去改变异类为同类。

李立峰、郑林完全符合上述标准。

李立峰、郑林在人力资本方面数量雄厚。李立峰、郑林一个负责施工，一个负责市场，都成为公司独当一面的骨干。他俩正是这家装修公司以刘子明为首的核心团队的组成人员，说俗了，他们就是刘子明的左膀右臂，他们仨就是刘备、关羽、张飞三兄弟。千军易得，一将难求。这两个人是公司的宝贵资产。

李立峰、郑林与刘子明在核心价值观上高度一致。核心价值观认同通过以下事实表现出来：

（1）李立峰、郑林都是公司初创时跟随刘子明的，再艰难，都不离不弃。最开始就他们3个，最苦最累的活都是他们3个一起干。谈客户，设计方案，组织施工，工商税务，有啥干啥。

（2）李立峰、郑林在公司一直拿最低工资，且资金周转不开时，他俩经常三五个月都不拿工资。一般人别说三五个月不拿工资了，就是有一个月工资发晚了，就可能弃公司而去了。

（3）公司初创时，基本是刘子明拿主意，冲锋在前，他俩听刘子明指挥，指哪儿打哪儿。

（4）李立峰、郑林确实也为公司付出很多，牺牲很多，加班从来没点，几乎没有休息日，也和刘子明共同承担了公司初创时的风险。

在艰苦的创业阶段，李立峰、郑林甘愿拿低工资，任劳任怨，死心塌地跟着刘子明拼，这说明他们对刘子明的核心价值观高度认同，相信跟他干有前途，愿意和他拼下去。所以，对于李立峰、郑林这样有才有德且经过长期考验的员工必须给予股权激励，兄弟们务必有难同当、有福同享。否则，他们会遭到打击，随着你个人财富的增加，他们和你的心理距离会越来越远，直至分裂。你的公司很可能因此走下坡路或长期停滞不前。如果你把此次股权激励给李立峰、郑林落实到位，贵公司将会迎来爆发式的发展，你将名、利、情三收！

二、向李立峰、郑林分配股权既要科学又要大气

关于给李立峰、郑林分多少股权，这是一个如何进行股权激励定量的问题。

股权激励定量包括确定总量和确定个量。总量指的是某一次针对全体股权激励对象所提供的股权（包括期权或分红权等各类股权激励工具）数量，如鸭梨公司在2017年1月针对5名员工授予50万份股份期权。个量是指某一次给予某一名激励对象的股权数额，如鸭梨公司在2017年1月给予公司技术骨干马艳丽15万份股份期权。

由于创业公司之间在初始投入、老板和员工的综合实力对比、所在行业及地域、企业估值等方面千差万别，因此对应该给予哪些员工股权激励、具体采用哪种股权激励工具、给大家分配多少股权、每个员工应分配多少股权这些问题不可能有一个放之四海而皆

准的硬性标准。

股权激励定量没有统一标准，但有基本公式。这个公式就是按照员工贡献值确定股权激励数量。这个基本公式的意思是：企业的价值（指的是企业的净利润或企业的估值）源于物质资本投入（包括但不限于现金、实物、土地使用权、房屋、设备、知识产权）和人力资本投入（蕴藏于人体之中的知识、技能、健康及意志品质的综合），每一方投资主体根据自己的投入给企业创造的价值多少来享有企业给予的回报。例如，甲公司做互联网视频运营，物质资本所创造的价值占20%，人力资本所创造的价值占80%，物质资本投资人和人力资本投资人据此分享企业的价值回报——占有股权、获得分红。需要注意，在人力资本投入中，创业企业的创始人一般占有绝对优势，其次才是骨干员工。老板既是物质资本的出资者，更是人力资本的主要出资者，老板的人力资本在经济学上称作企业家才能。普通员工一般没有多少人力资本，对他们以工资奖金激励即可，不适合股权激励。股权激励的对象应是具有较多人力资本的骨干员工。

明白了股权激励定量的基本公式，只要确定出员工在企业价值贡献中的占比就可以确定给予他们的股权激励数额了。员工一般靠人力资本出资，物质资本出资很少，甚至没有，因此确定员工的贡献就是确定人力资本贡献。我对刘子明强调：由于创业企业每家各异，每一名员工的表现也不一样，因此每个员工所应获得的股权数额应是不同的。比尔·盖茨就认为，优秀软件工程师有可能比普通软件工程师强一万倍！

员工之间的贡献值相差悬殊，根据价值贡献法一般都是先确定每个人的贡献值，也就得出来给每一个人的股权激励总量；把给予每一个人的股份总量相加就得出了某一次股权激励总量。由此可知——股权激励总量不应是人为预先设定的，而应当是建立在科学的个量估测之上的。

根据上述股权激励定量的理论和刘子明公司的情况，我们认为他的公司是一家装修公司，属于偏轻资产企业，人力资本占比较高，在创业阶段物质资本投入应占30%的价值贡献。由于资金都是刘子明投的，因此这部分股权占比都是属于他的。他同李立峰、郑林的人力资本价值贡献应占70%。他说过："所有重大决策、经营方向和思路都是我做出的，甚至公司70%的客户都是我一手谈成……公司从谈客户，到设计、施工等业务方面都是我在培养他俩，公司初创时，基本是我拿主意……"简单估算，刘子明的人力资本应占50%的贡献值，李立峰、郑林的人力资本应占20%的贡献值。刘子明的综合贡献值为30%+50%=80%，李立峰、郑林的贡献值共占20%，因此他们的股权比例应当是4∶1。当然，刘子明还要进一步确定李立峰、郑林每个人的个量，谁的贡献大谁拿的股权就多，不要搞平均主义。

作为一个带头大哥，在股权分配上既要公正公平，也要胸怀宽广、敢于重赏小弟，不要斤斤计较。除非小弟要得太多，只要不太离谱就应尽量满足其要求。小弟高兴了，给公司挣钱就更多了，你肯定收获最大。

三、李立峰、郑林的入股价格

鉴于李立峰、郑林长期拿低工资，而且多次发生过几个月没有拿到工资的情况，足见两个人对公司付出很多！所以，李立峰、郑林的入股价格不要过高，1元/每元注册资本就可以了。

刘子明非常认真地听完了我给的方案，时而问一些问题，边听边思考！他没有当场表态完全接受这个方案，说回去要好好消化一下。

过了大约两个月，刘子明按照我给的方案分了股权，李立峰得了12%、郑林得了8%，大家都很满意。现在，刘子明的公司已发展到100多人，具有装饰设计甲级资质、装饰施工甲级资质，正在谋划新三板挂牌。

看到股权激励在刘子明公司的成功运用，我们也感慨万千。股权激励就是“明君与贤臣”的游戏。在创业企业，老板就是“帝王”，骨干员工就是“大臣”，能否组成“明君贤臣”而避免“昏君奸臣”，关键在老板！成功的股权激励需要老板做明君，既要心明眼亮看准人，又要心胸开阔敢于封赏。如果你是一名创业者，不是只想开一家小店挣一点小钱，而是想成就令人艳羡的人生大业，就请你这样办！

特斯拉重赏马斯克780亿美元股票期权

中小企业能从中学到什么？

2018年1月19日，著名的电动汽车生产商特斯拉给其CEO和创始人马斯克发了一个巨大的红包。这个红包是什么呢？就是长达10年期的一份股票期权，总量达到了2030万份。如果这些期权最终都能够兑现成实际股份，其所对应的股票的价值是多少呢？780亿美元！这是一个非常非常大的数字，每年平均78亿美元。谷歌现任CEO皮查伊2016—2018年年均限制性股票获授量价值2亿美元，已经是全美薪酬排名数一数二的CEO，但跟马斯克比起来，真是小巫见大巫！

不要看着马斯克的报酬眼红发呆了，作为中小企业，我们能够从特斯拉的这个股票期权方案中学到一些什么能用的东西呢？我通过分析特斯拉股票期权方案的要点来给中小企业家提一些可以借鉴的地方。学到这些经验，就等于跟着马斯克一起发财了。

第一，注意用股权激励来替代现金工资。大家一定要认识到股权本身也可以当工资来发。工资是一个大概念，既包括现金、福利，也可以包括实物、股权等。虽然这么说，但是我们很多的企业家还是不会用，弄不明白，怎么能把股权放到工资里用呢？事实上，股权就是可以当工资发。例如，在这次给马斯克的股票期权激励中，特斯拉公司就跟他约定：10年内公司给马斯克发2030万份的股票期权，如果你到时候能够实现业绩目标，就获得全部股票期权所对应的价值780亿美元的股票。当然他要付出一个行权成本，这方面的资料很少报道，很可能，他的这个行权成本就是现在的特斯拉每股股价乘以给他的股票期权的总量。据预测，马斯克的期权成本与未来股价差距是很大的，要涨十几倍，因此他获利是很多的。

天下没有免费的午餐。马斯克拿了这么多的股票期权，也得有相应的付出——10年内他不能够再拿任何的报酬，这包括任何现金工资、各种补贴、保险、福利等等，就是一个子儿你也别想挣。其实马斯克先生自打特斯拉创立以来，也从来没要过一分钱的现金报酬，就是拿了一些股权。可能是缺钱了，就卖点股份，换点现金。如果特斯拉未来成功了，股价涨了，马斯克会大赚特赚，但是如果公司破产了，马斯克将颗粒无收。这种薪酬确实需要有“钢铁侠”的担当和勇气。

通过这个案例我们可以看到，对企业的一些骨干人员就可以用股权激励来代替现金工资。因为股权激励代表着一个更高的远期的收入，所以激励对象也就不太在意短期的现金收入了。当然这有一个条件，股权激励对象自己得有一定的生活能力，如果没有基本的生活能力，给他用这个方法，他马上就活不了了。我们中小企业就特别需要用这种高股权激励加低现金的薪酬模式，这样做可以给企业大幅度地节约现金开支。大家知道我们现在人工成本是越来越高，因为我们越喊着知识经济，越喊着创新，就会越喊着人才重要，人工成本也就越来越高了。可是我们中小企业又缺钱，融资渠道狭窄，很难融到大量的现金，然而，企业花钱的地方很多，而员工工薪支出越来越成为企业花钱的主力军。中小企业一方面缺钱，另一方面员工薪酬又在不断上涨，企业负担沉重，陷入困境。该如何解决这个难题呢？就用特斯拉的这个方法，中小企业可以给人才很多的股权、给很少甚至不给现金。这样既能满足员工长期回报的要求，又能降低当期现金支出。中小企业主你想想，特斯拉是全球顶尖企业，尽管连年亏损，但人家的股价杠杠的，融个资啥的还不算难事，它都要在创始人马斯克身上省现金，你一个艰辛创业的草根小企业还敢大手大脚地给员工发现金吗？

大家也许会说了，有一些人不接受高股权加低现金的工资模式啊！不接受没关系，总有些人是接受的（如果你的企业员工没有一个愿意接受你的股权，那你就太失败了，你要好好反思一下是否还有必要继续办企业），重点是你给这些接受的人发股权了吗？如果你用到这种模式，其实就已经省下了很多钱。然后你可以把省下的钱用到那些不接受的人身上，两类员工都满意，一举两得。当然了，对于不接受的人，他只能拿到有限的现金回报，就没有远期的股权回报了。如果有员工看好你的公司，他会接受“高股权+低现金”这种模式的。

我们知道创业的时候，很多企业就死于资金链的断裂，因此而亡的企业甚至能占到全部死亡企业的百分之七八十。前一段时间发生了一件疯传互联网的事情，著名的创业者茅侃侃因为公司的资金链断裂，押上自己的全部家当还是欠了员工很多钱，身陷绝境，最后自杀了，才三十几岁。创业是一件美好的事情，又是一件多么残酷的事情！这样的故事其实以不同的版本在我们身边频繁地发生着，非常令人痛心，所以特别建议我们的创业者们不要再发高现金的工资、奖金了，那样会把你们自己压死的，一定要用高股权加低现金的薪酬模式。给自己的企业减压，也给自己减减压。

第二，股权激励必须绑定严格的绩效考核。

特斯拉董事会："马斯克先生，我们给你这么多的股票期权，对不起，我们也要给你提要求的，你不能随便就能拿到这只金苹果。"

马斯克："啊！还要给我提条件？这可是我自己的企业呀！老子怕过谁，你们就提吧。"

特斯拉董事会："马斯克先生，你要得到这些股票真不难，请你实现这些业绩目标……"

马斯克："我的天哪，这是要我的命啊！"

特斯拉董事会到底给马斯克提出了什么样的业绩要求呢？一是市值成长要求。在董事会披露给马斯克期权激励的信息时，公司市值大概是接近600亿美元。以1000亿美元为起点，也就是说达到1000亿美元的时候，你可以第一次行权一部分股票期权。然后，每增长500亿美元市值作为一个门槛，一级一级往上排，一共12级，最后达到6500亿美元。到6500亿美元的时候，马斯克才能够去兑现他的最后一笔股票期权。可能10年后会产生很多市值神级的企业，但6500亿美元市值也算得上神级了！

二是考核营业指标。营业指标又细分为两个指标，一个是营业收入指标，另一个是折旧摊销及税前利润，每一项有8个层级。营收第一层级为200亿美元，第二层级为350亿美元，接下来两个层级分别为550亿美元和750亿美元，后四个层级均是在前一层级的基础上增加250亿美元，最后一个层级为1750亿美元，是2017年特斯拉营收的15

倍多。折旧摊销及税前利润指标第一层级为15亿美元，第二到第四层级是在前一层级的基础上增加15亿美元，第五到第八层级则是在前一层级的基础上增加20亿美元，第八层级为140亿美元，比2017年的21倍还要多。[①]

要命的是每一层级市值指标都与相应的营业收入指标、利润指标相匹配，只有在同一层级上的3项指标都达到之后，马斯克才能够兑现这一层级的股票期权。特斯拉给马斯克设定的目标绝不是踮起脚就能摘到的蜜桃，而是需要马斯克拼命向上跳才有可能够到的金苹果。

作为中小企业能学到什么呢？就是一定要学到这个思想：股权激励一定要和严格的绩效考核挂钩。学到这个思想就可以了，你没有必要去给你的员工也设置市值指标或者什么折旧摊销及税前利润指标。中小企业只要结合每个人的工作特点给他设计他的岗位职责指标就可以了。比如说做研发的人，公司里研发工程师小王能力很强，小王能不能在2018年完成两项实用新型专利的申报呢？老板要求你不必拿下证书来，今年你能写出技术材料、做出样品、完成材料申报拿到受理通知书就可以了。如果小王能完成这些任务，那么公司就给小王兑现10万份股票期权。中小企业在设计股权激励方案时，一定

① 辣椒客，《马斯克未来10年薪酬方案公布：0工资但最高可获得780亿美元股票期权》，来源：TechWeb.com.cn，2018.01.24，http://www.techweb.com.cn/world/2018-01-24/2632407.shtml。

要让每一个激励对象都有简单明确的绩效考核指标，能做到这一点就可以了。

第三，对激励对象的任职期限要做出严格规定。

特斯拉要求马斯克在未来10年里必须在本公司任职，原则上要求马斯克一直担任CEO，但是还是给他开了一个小小的后门。如果你不当CEO了，你还要当董事会主席，同时担任首席产品官。也就是说，还得负责产品的研发，这是非常非常重要的。不止于此，还有一个条件，新任CEO要向马斯克汇报。这是什么意思呀？就是要求马斯克负有培养接班人的义务，不能说你到时候不干CEO了就什么都不用管了，你要培养接班人。这点很重要，因为这个马斯克在外边还有宇宙探索、人工智能等一大堆的公司。虽说一心不可二用不适用“钢铁侠”马斯克，可他毕竟是一个人，精力有限。特斯拉当然害怕他把主要精力用到别处去，所以就给他提出了这个严格的任职条件，甚至也给他考虑到了，如果你要实在是顾不上了，那你就得给特斯拉培养新掌门。可以看到为了对付马斯克，特斯拉董事会用心良苦。如果马斯克提前离职或者不能培养接班人，那么就对不起了，给你的股票期权将作废。

股票期权最重要的任务就是绑定企业的核心员工，要让他跟企业一直走下去，如果他离职了，股票期权就要作废，这是非常重要的一个原则。中小企业在做股权激励的时候，跟你们的核心员工一定要约定离职问题并要签下字来。如果员工要提前离职的话，他的股票期权就要作废，一般来说，是未行权部分全部作废，有的企业更严厉一些，不仅员工未行权的全部期权作废，已行权而转为实股的也要以行权价格回售给公司。这样就等于让离职员工什么利益也捞不着。这就是股票期权的真谛，就要这么设计，这样做对企业和员工双方才是公平的。

大家都爱问：离职之后我的股票期权作不作废？我们可以明确地告诉大家，按照标准的股票期权设计，未行权的股票期权一定是要作废的！已经行权转为实股的部分还要以原价或原价加同期存款利息回售给大股东或公司，这是必需的，否则股票期权就没有约束作用了。

以上就是特斯拉重赏马斯克股票期权的几项重点内容。我们再来回顾一下。一是要把股票期权当成工资的一部分来对待，尽量减少现金形式的工资支出，这样可以大幅度地降低中小企业的现金压力，中小企业应充分采用“高股权+低现金”的工资模式；二是中小企业设计股权激励方案，一定要给激励对象制定严格的绩效考核指标；三是中小企业在做股权激励的时候，一定要对员工的离职做出严格的约束。对这三点，中小企业要多多注意。如果中小企业能把这三点都吸收进自己的股权激励方案里面去，相信会做出一个非常好的股权激励方案。说不定哪家企业也能培养出像马斯克这样的优秀员工，这家企业就是未来的“特斯拉”了！你别不信，股权激励就是用来创造神话的。

有了股权激励，老板不能再任性，必须如实披露财务状况

刘勇是够味湘菜馆的老板，生意一直不错，但近两年周边又开了四五家各种口味的餐饮店。刘勇担心生意被抢走了，就在2016年1月对10名员工搞了股权激励。员工每人以每股1元的价格入股。李明是一名厨艺很好的厨师，2015年10月从一家大餐厅跳槽过来，刘勇给了他10万股股权的认购权，李明都买了。所有员工向够味餐厅出资后，餐厅的总股本为100万股，刘勇占70%，李明占10%，其他员工占20%。因为有了股权激励，大伙的干劲儿很高，2016年盈利80万元。刘勇害怕亲友眼红自己挣钱多，不想告诉员工挣了80万，告诉大家只挣了30万元。有股权的员工都觉得不对劲儿，但大多数不好意思深究，只有李明和另外两个持股员工挺身而出找刘勇要求查账。刘勇不让查，李明便把够味湘菜馆告上法庭要求了解财务状况。在诉讼的压力下，刘勇向持股员工披露了真实的财务状况并分了红。李明和其他5名持股员工虽然分到了钱，但感觉刘勇不可信，就离开够味，在旁边开了一

家自己的湘菜馆。

在这个案例中，够味湘菜馆老板刘勇用到了股权激励，但却犯了不按股权激励规则办事的错误，最终得不偿失。股权激励是人才管理的“核武器”，用好了威力无比，用坏了贻害无穷。这是为什么呢？因为股权激励用到的工具是股权。股权就是股东基于其对企业的出资而享有的各项合法权利的总称。《中华人民共和国公司法》第四条规定：“公司股东依法享有资产收益、参与重大决策和选择管理者等权利。”《公司法》概括性地说明了股东的三大权利，如果进行细分的话，分别包括以下权利：

（1）投资受益权；

（2）表决权；

（3）选择管理者的权利；

（4）公司经营建议权或质询权；

（5）知情权；

（6）股份或出资的转让权；

（7）剩余资产分配权；

（8）优先认股权；

（9）诉讼权。

股权激励的主要对象是企业员工，我们知道，依据《劳动法》，员工享有广泛的劳动者权利，例如：

（1）平等就业和选择职业的权利；

（2）取得劳动报酬的权利；

（3）休息休假的权利；

（4）获得劳动安全卫生保护的权利；

（5）接受职业技能培训的权利；

（6）享受社会保险和福利的权利；

（7）提请劳动争议处理的权利；

（8）法律规定的其他劳动权利。如依法参加工会的权利，对用人单位管理人员违章指挥、强令冒险作业拒绝执行的权利，对危害生命安全和身体健康行为有权提出批评、检举和控告的权利等。

我们只要把股东权利和劳动者权利做比较就会发现，股东权利远远大于劳动者权利。权利的扩大就意味着对企业的影响力增大，股东可以参与企业重大决策、了解企业财务状况、请求利润分配，这些权利员工都是不可能有的。够味湘菜馆的李明等10名员工本来只是企业员工，当他们出资入股后也就变成了企业的股东，因此他们应当享有股东权利。了解公司财务状况的权利叫作股东知情权，依据公司的可分配利润总额及自己的出资比例进行利润分配的权利叫作投资受益权或分红权。刘勇把80万元可分配利润说成30万元，既侵犯了股东的知情权又侵犯了股东分红权。显然刘勇没有把持股员工当股东对待，还按照普通员工来对待，这就违反了《公司法》。

《中华人民共和国公司法》第三十三条规定：“股东有权查阅、复制公司章程、股东会会议记录、董事会会议决议、监事会会议决议和财务会计报告。

“股东可以要求查阅公司会计账簿。股东要求查阅公司会计账簿的，应当向公司提出书面请求，说明目的。公司有合理根据认为股东查阅会计账簿有不正当目的，可能损害公司合法利益的，可以拒绝提供查阅，并应当自股东提出书面请求之日起十五日内书面答复股东并说明理由。公司拒绝提供查阅的，股东可以请求人民法院要求公司提供查阅。”

普通员工没有权利了解企业的财务状况，但是股东有知情权，哪怕仅持有1股股份，依照法律都享有了解公司财务状况的权利。如果公司拒绝员工股东了解公司财务状况，员工股东有权向人民法院提出知情权诉讼。

鉴于员工通过股权激励成了股东之后，其对企业的影响力大幅度提升，老板一定要慎用股权激励，严格把关，只有符合条件即核心价值观与老板一致、人力资本突出的员工才能成为股权激励对象。在做股权激励之前老板要想清楚：员工成了股东就要享受股东权利，自己能否接受，能否按游戏规则玩牌？如果不能接受，干脆别搞股权激励，否则将得不偿失。

从谷歌对大厨的股权激励可以学到的真不少

股权激励是激励人才的“核武器”，这一观念已深入人心，但是，老板们又有了新的操心事儿——该如何用好股权激励呢？我们别一上来就讨论高大上的理论，还是先看看高手是如何做的。

互联网巨头谷歌由拉里·佩奇和谢尔盖·布林于1998年在车库里创建。1999年，公司才发展到50个人，两个创始人就希望免费向员工提供好的、健康的食物，创建新型企业文化。这样可以省得员工为吃饭问题而操心费力，还可因享受美食而提高工作质量。

1999年下半年，谷歌在自己的网站上发布招聘广告，广告说：“谷歌人饿了，快来应聘这个唯一给股票期权的厨师岗位吧。”结果先后来了25位厨师应聘，经过厨艺大赛，这些人都被刷掉了。正当大家失望的时候，谢尔盖·布林早先认识的一位厨师查理·艾尔斯闻讯也来应聘了，他以前给感恩至死乐队当过厨师。查理做的饭菜令大家很满意，于是查理成了谷歌聘用的第一位公司厨师，他当时是第56号员工。可是谷歌给查理的现金工资比前一个雇主给的要低很多，作为补偿公司给了一些股票期权。查理根本就不懂股票期权，也不拿它当回事儿，只是觉得拉里、谢尔盖和其他员工很友善，待在一起好玩，就决定在谷歌混了。

查理33岁，是谷歌当时年龄最大的员工之一，他像这些员工的大叔一样和他们融洽相处。开始时，查理一个人为50多人做饭刷碗，累得精疲力竭。他对员工们说："你们这帮家伙正在杀死我。"他们说你不就是每天给50个人做饭吗？查理反问道："你们有谁一天一个人为50个人做饭刷碗？"这些人都哑口无言了。谢尔盖对查理充分授权，由于有谢尔盖的全力支持，查理就有了充分的权力来决定采购什么样的食材、做什么饭菜、该怎么做。后来谷歌变大了，总部搬到硅谷山景城，查理的餐厅被称作"查理地盘"。他当上了行政总厨，领导140名厨师，每天为大家准备各种风味的食品。

查理并没有把厨师长当成工作来做，而是当成一份事业来做。查理说："我的目标就是，创造一种幻觉，让人们感觉不到在工作，而是在游玩和娱乐。鼓舞员工的工作情绪，焕发出创造力！"由于查理的精心打理，谷歌的午餐特别诱人。查理骄傲地对谷歌的同事说道：

“我们有美国西南部风味的食品、经典意大利菜、法国菜、非洲食品，以及带有我自己烹调风格的亚洲菜和印度菜。”查理的拿手好菜是炸鸡——人们称之为“查理炸鸡”，号称是摇滚歌星猫王的最爱。做这款炸鸡的主要程序如下：

（1）把各种香料（辣椒粉、胡椒粉、芥末粉等16种）和酪乳搅拌在一起；

（2）在有机的生鸡上涂上面糊，然后泡在酪乳中冷冻保存5天；

（3）取出后再撒上有机的玉米粉、小麦粉、香草；

（4）把调好味的生鸡放到盛着花生油的大锅中炸到金黄；

（5）最后，再放到烤箱中烤一下。

松脆可口、香气四溢、黄澄澄的烤鸡做好了！您的口水流出来了吗？谷歌员工太喜欢这道菜了，干脆把这份菜谱挂到谷歌网站上，引得数百万人围观。

随着谷歌一天天壮大，查理决定扩大规模，给谷歌的工程师做一日三餐和零食。不久，在查理的努力下，在谷歌公司里百米之内一定会有查理做的零食，这些零食五光十色，布置得令人赏心悦目。这些零食得到了谷歌工程师的喜爱，他们亲切地把查理做的零食称为“小甜点”来表达自己的喜爱。

由于查理的努力，谷歌的工程师的午餐有了翻天覆地的变化，而很多工程师就是因为查理的午餐留在了谷歌。在2000年谷歌列出的10

大值得留恋的原因中，查理的午餐排在第一位。查理的到来打破了那种互联网公司没有生机的环境，有了查理的谷歌变得充满生机。

而查理也在同事的帮助下在谷歌专门做了一个网站来上传各种各样的食谱，当一些家庭主妇不知道做什么菜的时候，都会在谷歌上搜索一下查理的菜谱，而这也给谷歌带来了很大的人气。

在硅谷流传着一句话：谷歌的饭菜要比周围的饭馆好多了！甚至有很多外单位的员工来谷歌“蹭饭”。谷歌员工度完周末，星期一一到公司就急着告诉查理，在外面吃的饭都没有查理做的好吃。查理这时会一脸神气地告诉他们区别在哪里：“他们是为了你们的钱给你们做饭，而我在意的是你们这些家伙，是带着爱在给你们做饭。”

查理不仅仅改变着谷歌的饮食，更改变着谷歌的文化，在谷歌的每一个人都把查理当成了自己的榜样。**把每一份工作当成事业来做！**这句话也贴在了谷歌最显眼的地方，鼓励着每一个在谷歌工作的人。

谢尔盖和拉里认识到查理对谷歌贡献很大，决定让查理担任行政总厨，级别相当于公司的高管了。除了升官儿，两个老板还不断给查理涨工资，发更多的便宜的股票期权。查理对做饭懂得很多，但对股票期权却是一窍不通。有一次，查理悄悄地向懂金融和市场营销的同事咨询了很多问题。好心的同事对他说：“做个聪明人，就买了给你的股票期权吧。”查理自己的钱不多，为了买股票向父亲借钱，父亲也不懂股票期权，还劝儿子：“拿好自己的钱，他们在耍花招骗你的钱。”最终，查理只从父亲那里借到了很少的钱去买给他的股票。

2004年，谷歌股票上市了，查理本人拥有的谷歌股票价值2600万美元，他很快就为自己和老婆购置了一栋价值140万美元的豪宅。天下没有不散的筵席。2005年5月，查理离开谷歌的新闻上了《纽约时报》头版的《封面故事》栏目。问及离开谷歌的原因，查理说一方面在谷歌拼得太狠，身体严重透支了，需要休整一下，好好保养保养身体；另一方面想开一家属于自己的饭店，自己也来当一把老板。拉里和谢尔盖接到查理的辞职书后震动很大，非常不舍得他离开。拉里认为查理成就巨大，以他自己认为最好的方式独自创立了完全不同的硅谷饮食服务文化，这就是让人们舒服和快乐。谷歌专门为查理举办了欢送大会。当天发放了5000件印有查理头像和猫王身体的T恤衫，众人纷纷与查理拥抱、欢呼、拍照，甚至流下了依依不舍的泪水。

查理也觉得自己来到谷歌太幸运了，他说：“干我这行的很难得到股票期权，我会倍加珍惜，我要把谷歌的股票一直拿下去。”离开谷歌后，查理开了一家自己的饭店，生意很红火，很多投资人就是谷歌的员工。查理同时还兼任众多硅谷大牌公司的餐饮顾问，例如Facebook、Twitter、甲骨文等公司，老东家谷歌就不用说了。查理给谷歌创造了别具一格的公司餐饮文化，而谷歌使查理功成名就。

查理一走，谷歌厨师队伍群龙无首，影响了餐饮服务质量。谷歌赶紧找继任人，有1000人来应聘，试来试去，最后还是让查理的助理奈特·凯勒（Nate Kelle）做了厨师长。

厨师长查理·艾尔斯与谷歌共同走过了一段拼搏而快乐的创业时光，双方实现了互利共赢、皆大欢喜的结局。这种局面的形成，股权激励起到了决定性作用。通过查理的故事我们来分析一下谷歌创始人拉里·佩奇、谢尔盖·布林善用股权激励的成功经验。

一、给对了人（看得准）

股权激励最重要的是定人！选对了人就没有错误的股权激励，至多是不完美的股权激励；看错了人，再完美的股权激励制度都是失败的股权激励！人的标准包括两个方面——人力资本和核心价值观认同度，即人力资本一定要多，激励对象与老板的核心价值观高度一致。查理完全符合上述两个条件。从人力资本方面看，他是一位厨艺超群、富有创造力的厨师，能做出各种花样的食物，使员工“爱不释口”，而且能把员工食堂布置得精美绝伦，让员工感觉十分舒适。他做的饭成为吸引员工在谷歌积极工作的一个重要因素。此外，他还能领导上百人的厨师团队为几千人提供一日三餐和零食，说明他具有很强的领导力。从认同老板核心价值观方面看，谷歌两个创始人胸怀梦想，奉行“以人为本、平等、自由、开放、快乐”的核心价值观。查理带着爱心去做饭，为谷歌营造良好氛围，抓住了员工的胃，真正使员工感到快乐和舒适，用自己的实际行动践行老板的核心价值观。

在股权激励应用中，老板常犯的错误是不看人，单纯拿股权去砸人，相信“一股就灵”“重赏之下必有勇夫”，最终铩羽而归。人是有思想的动物，他有自己的价值观，你给的可能并不是他想要的，你觉得有价值的他可能觉得一文不值。如果一个员工对老板的能力不看好，对他的核心价值观不认同，他就不会相信这个老板的未来会美好。股权是未来收益的凭证，如果员工不看好老板的未来，又怎么会看好老板给的股权？所以，当员工不看好老板时，即使老板觉得自己的股权很值钱，但员工依然会觉得老板给的股权不值钱，或者认为其他的老板给的股权更值钱。对于这种不相信老板的员工你给他多少股权能让他相信你呢？对这种员工来说，老板没前途，给多少股权都一样。只有员工高度认同老板核心价值观，才会相信老板有前途，继而认为自己企业的股权值钱，才会珍惜，才会为之奋斗！因此，股权激励管不管用，不仅仅是激励方式是否得当的问题，关键是员工对老板的能力和核心价值观认不认可的问题。对于不认可的员工，股权激励就是对牛弹琴；对于认可的员工，股权激励是千载难逢的机遇。我们可以得出结论，股权激励必须针对认可老板的员工才有用，对于不认可老板的员工是没用的。老板要想让股权激励有效果，就要先看准人，把珍贵的股权给认可自己的员工，这是做好股权激励的重中之重。

二、股权激励的量要大（砸得狠）

股权激励的数量要大是股权激励的一个基本原则。在这个故事中，查理获得的股权价值2600万美元，成为千万富豪，是他这个职位想都不敢想的收获。查理当然会打心眼儿里感激拉里和谢尔盖这两位老板，真心诚意热爱谷歌。从这个故事也可以看出拉里和谢尔盖心胸十分广阔，对有贡献的人敢于重重激励。那么大家会问了，到底给多少股权才达标呢？股权激励属于长期激励，风险高，需要员工预先付出很多，因此回报必须大。由于企业分布在世界各地，员工多种多样，现实情况千差万别，很难有一个统一的标准。笔者结合多年的股权激励咨询经验，提出以下两个标准供大家参考。一个是客观标准，员工股权激励收益至少要等于他自己10年的工资收入总和。另一个是主观标准，能让激励对象出乎意料地满意。我们可以看到查理认为自己得到了超出预期的股权激励收益，满意极了。现在流行“获得感”一词，股权激励尤其需要让员工有获得感，产生获得感的前提就是股权激励的数量要大！在这里也提示一下，股权激励的量要大，但这个量并不是一次性给予的，而是一个过程。查理在入职的时候就获得了一些股票期权，后来随着他的业绩提升又不断获得股票期权。这种能够随着员工业绩变化而持续发放股权的激励制度会使持续有突出贡献的员工获得更多的回报，制度设计更加公平，激励性更强。这种股权激励制度就叫作动态（持续）股权激励制度。

我们的一些老板搞股权激励，给员工一小点儿股份，不疼不痒，如果这些股份都卖了，员工从上面挣到的钱还不如半个月的工资。这种股权激励是在戏弄员工，也是在侮辱股权激励这项制度。这种股权激励不仅不会给员工带来获得感，还会让员工更加伤心愤恨。正确的股权激励做法应当是在精选股权激励对象的前提下多多给每一个人发股权，使他们未来通过这些股权的变现可以成为同行业最富有的人。这就叫砸得狠！

三、巧用“低现金工资+高股权工资”的薪酬模式

在这个故事中可以看到，谷歌招聘查理时一方面给了一些股票期权，但同时现金工资要比前雇主给得低。从这里可以看出谷歌的薪酬模式就是：低现金工资+高股权工资。这样做有什么好处呢？大家都知道，现金相当于企业的血液，如果因为管理不当造成现金流中断，企业就会像血液停止流动致人死亡一样也将死掉。因此，保持现金的安全结余和有序流动是企业管理的重要任务。对于创业企业来说，现金就显得更加重要。这时企业的营业收入还较少甚至没有，外部融资也很困难，但是营销、研发、人工、房租、水电、通信等方面都要用钱。一旦现金流中断，企业就会立即死亡。在创业企业的现金开支中，人工现金工资开支是一个大项，在高科技类企业甚至是最花钱的地方。企业面临着一个大难题——人才很重要但人才也很贵！自己没有

多少钱可还必须雇用很贵的人才，这可咋办？办法就是提供新型薪酬模式——低现金工资+高股权工资。这种模式一方面降低了企业在人工工资方面的现金开支，使企业得以延续；另一方面也给予人才一大笔股权，可以获取高额的未来收益。在“低现金工资+高股权工资”模式下，企业和员工之间还是等价交换关系，只是改变了薪酬结构，降低了企业短期现金开支，用未来的收益弥补了员工现在的损失。这种方式可以使企业轻装上阵，使员工获得远远高于现金工资总额的超额股权收益。

“低现金工资+高股权工资”模式还是检验员工核心价值观认同度的最好工具！这种薪酬模式对员工而言意味着要放弃部分短期利益，要和老板、企业共同承担更大的风险。只有对老板核心价值观高度认同的员工才会看好老板和企业的未来，才能够接受这种薪酬模式。对于不认同老板核心价值观的员工来说，他不会看好老板和企业的未来，如果现在挣很少的现金工资，对未来承担巨大的风险，他是绝不会答应的。老板不仅要把大量的股权给认同的员工，而且要委以重任；对不认可自己的员工不要给股权，可以采取短期激励的方式加以利用但不可重用。

“低现金工资+高股权工资”薪酬模式是创业者的一大法宝，既能满足企业节约现金开支的要求，又能满足员工发财致富的梦想，真是一箭双雕，笔者向广大创业者强烈推荐！

四、股权激励是阶段性利益捆绑

查理在谷歌升了官、发了财、有了好名声，但他还是决定走。股权激励不是留住人才的金手铐吗？怎么不灵了？这其实涉及需要澄清创业者和激励对象之间的关系问题。创业者和激励对象之间既不是雇佣关系也不是合伙关系，而是准合伙人关系。

首先，创业者和激励对象之间已不是雇佣关系。雇佣关系指的是企业出钱，员工干活这种交易关系。在这种关系下，企业和员工都是为了自己的短期利益来考量一切。员工绝不会关心企业的长远发展，更不会去承担工资以外的风险。作为股权激励对象，虽然仍会和企业签订劳动合同，但手里持有公司的股份，公司的长远发展与自己的利益息息相关，当然就会关心企业的长远发展并愿意承担很高的风险。所以说股权激励对象与企业的关系已不再是雇佣关系了。

其次，创业者和激励对象之间也不是合伙关系。真正的合伙关系基于合伙人之间核心价值观的完全一致或者说完全吻合，合伙人因志同道合而成为思想共同体，合伙人在根本利益上也是完全一致的。阿里巴巴的合伙人制就是典型的合伙关系。股权激励对象认同老板的核心价值观或者说是和老板的核心价值观高度一致，但还不能达到完全一致。查理很认可拉里和谢尔盖“以改变世界为自己最高使命”的核心价值观，但他没有这样的价值观。查理觉得自己在谷歌干累了，需要休息了，需要过让自己舒服的日子。拉里和谢尔盖早就功成名就了，但是他们把改变世界作为自己的核心价值观，所以仍然在奋斗。显然，查理和谷歌的两个创始人在核心价值观上是有巨大差异的。

最后，我们给创业者和股权激励对象定位为准合伙人关系。创业者和股权激励对象之间的关系处于由雇佣关系向合伙人关系转变的过渡状态，这种状态下的关系可以命名为准合伙人关系。股权激励对象与创业者之间在核心价值观上虽不完全重合，但有了很多的交集。这是这种关系的根本特征。核心价值观代表着一个人的根本利益趋向，既然激励对象与创业者在核心价值观上不能完全重合，就说明在根本利益上这两者也不完全重合，因此当出现激励对象可以谋求根本利益的机会时，激励对象就会和创业者说再见了。例如，查理在谷歌上市后，手持2600万美元，具备了追求个人根本利益——过自己幸福生活的条件了，他就要离开谷歌实现自己的最大利益去了。在核心价值观上的高度交集使得激励对象和创业者构建出了比较牢固的利益共同体，激励对象也成了创业者的深度合作伙伴。但是由于在核心价值观上两者还有分歧，所以在出现可以谋求根本利益的条件下，激励对象会离开与创业者组成的利益共同体而去追求属于自己的最高利益。这就是即使有了股权激励，激励对象也会离开企业的根本原因。总而言之，激励对象不是创业者的合伙人，不可能有完全一致的长远目标，仅有阶段性共同目标。但这种阶段性的一致对于企业已有极高的价值！重要的不在于能走到底，而在于共同走好一段路！

准合伙关系决定了股权激励是阶段性利益捆绑，合作不会永久。所以，老板一定要做好人才储备，保障在股权激励对象离职后立即就有合格的人顶上去，不要像谷歌那样，在查理走后手忙脚乱地找接班人。

谷歌大厨的故事还告诉你：选对老板太重要了

任何一名打工者都会艳羡查理的成功！如果探寻查理的成功原因，可以从两个角度分析：一个是自身原因；另一个是外部条件。

首先看自身原因。一方面，查理的厨艺很好，在进公司时参加厨艺大赛战胜了25名对手，这是一件很难的事情。在谷歌工作期间他的厨艺彻底征服了谷歌员工的胃，独创了公司餐饮文化。一招鲜，吃遍天！查理的成功源于他的卓越专业能力。**这种能力就是人力资本——能够为企业带来巨大收益的稀缺资源！**天下没有免费的午餐，查理的成功依靠的是自身的硬实力，自己值钱才能挣钱！另一方面，查理把工作当成事业，带着爱心全情投入，用专业的话来说就是主观能动性极强，工作态度极好。再好的厨艺也要靠辛苦付出来支撑，如果不是热爱工作，勤奋劳作，怎么会做出那么多好吃的东西？怎么会把零食摆放得那么诱人？有了积极性才会有创造性。我们要想像查理一样成功，也必须努力提高自身的专业能力，也必须发自内心地热爱自己的工作，也必须辛勤付出、精益求精。

其次要看外部条件。查理遇上了谢尔盖·布林和拉里·佩奇这两位好老板是他最大的幸运。这两位老板心怀远大梦想，想创造非同一般的企业文化。所以，两个老板放手让查理干，干得好还不断地给他升职加薪发期权。查理有了这样的外部条件，再加上自己的勤奋努力，才能大显神通，取得卓越的业绩。我们很多打工者身怀绝技，也想找到好平台一展身手，但总是处处碰壁，英雄无用武之地！因此，个人的成功绝不仅仅依赖于个人自身的努力，还需要良好的外部条件支撑。对打工者而言，最重要的外部条件就是遇上好老板。查理遇上了谢尔盖和拉里才会取得这样大的成功，如果遇上的是目光短浅、小肚鸡肠、唯利是图的老板则很难取得这样的成功。这似乎应了一句俗语：选择比努力更重要！其实这句俗语反映事理不够全面，努力不仅限于执行，选择本身就需要努力，甚至是最重要的努力！查理来谷歌工作就是认准了谢尔盖和拉里这两个老板。当时谷歌很小也没有多少钱，查理根本不懂什么是股票期权，什么是上市，他不是奔着这些东西来的，而是奔着两位胸怀梦想、充满激情、才华横溢的年轻老板来的。**选对了老板就选对了一切！**作为打工者在选择老板时可以从这两个方面入手，一方面是老板要有比较崇高的价值观、胸怀伟大梦想，另一方面是老板要拥有雄厚的人力资本、高瞻远瞩、意志坚定。当然寻找好老板、辨别好老板是一件很难的事情，所以要把更多的努力用在选择上。如果你历尽艰辛通过各种方式去寻找和辨别出一位好老板，并且幸运地成为其团队中的一员，那么你已走在成功的路上了，功成名就就在前方。

小米股权激励造富神话带给我们的启示有哪些？

最近，小米在香港上市的事情搞得热热闹闹。相信大家一定注意到了其中的一个精彩情节——股权激励要造富了，包括雷军本人、他的联合创始人以及其他一众员工都将成为股权激励财富盛宴的享受者。以下讲一讲小米股权激励的主要情况以及从中可以获得的启示。

从小米提交给港交所的招股说明书可以看到，雷军持有小米31.4%（当然这是在IPO之前雷军占小米31.4%的股份，那么IPO之后雷军占的股比可能要下降一些，但估计不会有太大的变化）的股份，现在小米的估值大概是在600亿美元到1000亿美元之间。如果按照最理想的状态1000亿美元估值的话，这样算来雷军的身家估计在300亿美元左右，折合人民币为1800多亿元。以这份资产，雷军可以进入中国财富榜排名的前4位。前面是谁？是马化腾、马云、李嘉诚。小米上市后雷军就能排到第四位了。雷军的7位联合创始人基本上每个人的身家也能过10亿美元。

截至2018年3月31日，小米共有员工14513名，其中的5500人持有股票期权。截至2017年年末，小米未行权的股票期权近1.9亿份。每一份的行权价是多少？1.05美元。如果按照40美元一股的估值来算，那么1.9亿份期权获利应该在74亿美元。平均到每一个人身上就是多少呢？135万美元，约合人民币857万元。当然了，这些员工持有的份额是不一样的，估计其中前1000名员工的身家都会超过1000万元人民币。那么，我们从小米的股权激励里面可以得到一些什么启示呢？

第一，股权激励能够降低企业的现金开支。现金就是企业的血液，对于中小企业尤为珍贵。在经营企业的过程中，现金的流出是非常稳定的，包括人工费、场地使用费、原材料采购等；现金的流入却是不稳定的。现金的来源主要是营业收入和融资，但这两样都是不稳定的，对创业企业而言，尤其不稳定。企业为了迎来未来的胜利，必须先活下去，而活下去必须有一定的现金储备。现金断流，企业必死。股权激励最直接的一个作用就是降低企业的现金支出，减轻公司的现金负担。员工工资是现金开支的大项目，尤其是互联网企业，人工成本能占到总成本的70%~80%。而股权激励也是薪酬的一种形式，它大幅度地代替了现金支出。

雷军非常聪明地在小米推行了选择性薪酬体系，分为三种薪酬模式：一种就是说你全拿现金工资；另一种是你全拿股份，可以再给一点生活费；介于前两者之间的是什么呢？你拿70%~80%的现金，剩下的给你一小部分股份期权。结果各有15%的人选择了两头，然后有70%的人选择了中间，也就是拿70%~80%的现金工资，然后拿少量的股票期权。从这里也可以看出来，绝大多数人是厌恶风险的。招股说明书显示，小米的员工的现金工资年收入平均只有16.73万元。其实这真不算高，因为北京互联网行业2017年平均年薪达到15.96万元，小米的工资水平才略高于北京互联网行业的平均值。小米为什么发不高的工资却能招聘到很多优秀人才呢？因为它有股权激励。小米有了股权激励，那就能在不多发现金的情况下雇到很好的员工。

我们从小米高管的薪酬结构更能够看到对现金的节省。小米的前5名高管，2017年他们的总薪酬达到了1.96亿元，但是现金性的工资只有814.8万元，其他的都是股权性的收入，达到1.879亿元。核算一下，现金工资只占全部薪酬的多少？4%！96%的现金都省下来了。所以，你说小米的现金支出负担是不是轻？

不止于此，雷军还要通过股权激励从员工身上来要钱。在2012年B轮融资之后，雷军就跟员工说了，大家如果要掏钱的话，给你30万的额度可以来买股票。估计那时候股价是非常低的，当时就有60个人掏了钱，融了1400万元。这倒好，给员工没发多少现金，又要回来了1000多万元。雷军说过：小米在2015年的时候非常艰难，当时的销售收入大幅度下降，如果没有极高的现金储备的话，公司就要关门了。可见手里有现金，企业不倒闭。

其实大家都知道雷军并不缺钱。他是一个非常优秀的投资人，在投资上挣了很多的钱，他自己说过有的项目有上千倍的回报。举两个例子，一个是拉卡拉，他在里面占了1.13%的股份，当时的估值已经是一百个亿了，那么他的1.13%就是1.13亿元。另一个案例就是他2007年投了UC Web，一共投资三四百万元，占20%的股份。2014年马云以43亿美元收购了UC。大家想想，如果雷军继续保持20%的股份的话，他将获利多少？是8.6亿美元，折合人民币54亿元，如果稀释到只剩2%，仍然是8600万美元，折合人民币5.4亿元。所以，雷军根本就不缺钱，而且即使雷军缺钱了，以他的名声融点资也不会太难。我们其他的企业还是非常缺现金的，没有雷军这个条件。结果其他企业却很少用股权激励，只知道用现金开工资，长此以往怎么受得了？前一段时间就先后发生了80后明星创业者茅侃侃和上市公司金盾股份董事长周建灿因公司资金紧缺而自杀的悲剧。创业的路上绝不是仅有鲜花笑语，更多的是急流险滩。尽量保存足够多的现金储备是克服随时可能出现的各种风险的最好措施。既然一般创业者的实力远远赶不上雷军，就更应该用股权激励来降低现金的开支。

第二，股权激励不仅仅能够降低现金的开支，还能够检验员工的忠诚度、价值观的认同度。比如，小米总裁林斌持有13.3%的股份，上市后的身家应该是130亿美元了，可以说是大赚特赚。但是，当时他来小米工作的时候是零工资，而且雷军还要让他再向小米投一些钱。结果林斌和太太请示后，一咬牙，豁出去了，把持有的微软、谷歌的股票都卖了，都买了小米的股权。这是需要极大的勇气的！股权的收益属于未来的收益，并且是远期的收益，它不是短期的收益。如果一个人对公司、对老板不看好的话，他不可能愿意接受以股权代替现金工资，更别提给雇主投资了。林斌这么大力度的付出，他一定是看好小米的未来、看好雷军，所以是对雷军的价值观高度认同的，对小米也是高度忠诚的。

在现实中做股权激励，我们特别强调股权激励的对象一定要认同公司的核心价值观。大家说这个东西太抽象了，怎么试验出来？其实通过股权激励就能试验出来。只要你给他少发一些现金工资，多给他些股权，问他接不接受，很多员工是不接受的，从这里你就可以看出来谁认同老板、谁不认同老板了。此方法很灵验，不信你就试一试。

第三，我们的老板必须心胸开阔。大家可以看雷军是有梦想的人，同时他又能够跟大家共同分享利益，抱着共赢共享的理念来和大家共同奋斗，这样才有5500名员工跟着雷军一同来致富，当然也就可以一同来打天下。雷军也能够一一来兑现承诺给员工的财富。雷军说了：“在我当初创办小米时，中国很多人没有在期权上挣过钱。尤其吸纳的都是硬件方面的人才，没有人相信股票值钱。”这些员工只是当时根据公司的政策被动地要了一部分期权。现在，股票期权真的要造富了，雷军也确实跟大家来兑现，这时信用是非常重要的。我们很多老板搞股权激励，一看要发财了，就不给员工兑现，或者少兑现，这样是做不成大事业的。我们看雷军分出来这么多股份给大家，最后自己怎么样呢？还能够排到中国财富榜的前几名，我们多少老板持有公司百分之七八十的股份，甚至是100%的股份，但是离着中国财富排行榜还差老远。所以，这里边的道理就是越敢于往外分的人，最后自己得到的也就越多。

第四，讲给我们的打工者听。我们打工者能够碰见一位好老板非常不容易，如果碰见了雷军这样的老板，因为这个人名声在外，不需要再反复考查了，你就应该要他的股权，而且是多多益善。如果见了好老板却不敢放弃一些现金而多要些股权，那么你一定会后悔一辈子！当初有很多小米员工多要了现金工资，没有多要股权，后来看到公司蒸蒸日上，反悔了，再去找雷军要股权。雷军肯定是不答应的，因为如果答应了，就对那些多要股权、少要现金工资的员工不公平了。所以，少要了股权的员工就只能看着别人发财致富了，干瞪眼没办法。从这个事情就可以看出，我们打工者看准了老板一定要敢于下力量去投，打工者要把自己的职业生涯当作一笔投资来看待，遇上了好的老板一定要敢于出手，敢于投资，才会有很大的收获。

股权激励在小米发挥了重大作用，这一工具再次被证明是创业创新的标配工具。所以，广大的中小企业要真正地相信股权激励的作用，要充分地利用它。用好股权激励，必然会给企业带来巨大的回报！